«Los conceptos que Emmanuel comparte a través de este libro son los que él ha vivido y encarnado. Son algunos de los principios que lo han hecho el hombre de éxito que es. Estoy seguro que al vivirlos, cada uno de nosotros también elevaremos nuestra manera de pensar y vivir».

Marcos Witt
Presidente del Grupo CanZion
Pastor hispano de Lakewood Church

«Emmanuel sigue siendo un instrumento útil en las manos de Dios para bendecir a esta generación. Con la claridad y honestidad con que su música y letras han inspirado a toda la iglesia de habla hispana, ahora este libro viene a dar en el clavo de las necesidades de muchos jóvenes que quieren marcar una diferencia en el nombre de Jesús. ¡Este es uno de los mejores libros juveniles que puedes tener en tus manos!»

Dr. Lucas Leys
Director internacional de Especialidades Juveniles
Autor y conferencista internacional

«Mis héroes hoy son los jóvenes que se atreven a cambiar el mundo. Emmanuel Espinosa es uno de mis héroes. Él combina excelencia, profesionalismo, un estilo muy contemporáneo y una poderosa unción espiritual. Doy una cálida bienvenida a este precioso libro que recomiendo con todo mi corazón y doy mi ferviente respaldo a este cambia mundos: Emmanuel, excelente modelo para nuestra juventud».

Alberto H. Mottesi
Evangelista internacional
Fundador de la Escuela de Evangelistas Alberto Mottesi

«Emmanuel no te da una fórmula para sentirte bien. En este libro, Emmanuel te lleva paso a paso a descubrir la grandeza que ya está en ti. Si quieres seguir siendo el mismo, siendo la misma de siempre, este no es un libro para ti. Sé que este libro llevará a muchos por caminos inimaginables para llegar a lugares que nunca pensaron alcanzar. ¡Léelo!»

Junior Zapata
Director del Instituto Evangélico América Latina
Conferencista y autor del libro La generación emergente

Estoy plenamente convencido de que esta generación necesita herramientas para cumplir el propósito por el cual Dios nos ha creado y Él ha puesto en el corazón de Emmanuel, el deseo de escribir en este libro principios y consejos muy prácticos que nos enseñan a adorar y a conocer quién es verdaderamente nuestro Dios.

Hugo Martínez
Director de Cristo para las Naciones en español
(Dallas TX / YFN Youth for the Nations en español)

enséñame a VIVIR

Emmanuel Espinosa

GRUPO NELSON
Una división de Thomas Nelson Publishers
Desde 1798

NASHVILLE   DALLAS   MÉXICO DF.   RÍO DE JANEIRO   BEIJING

© 2007 por Grupo Nelson
Publicado en Nashville, Tennessee, Estados Unidos de América
Grupo Nelson, Inc. es una subsidiaria que pertenece completamente
a Thomas Nelson, Inc.
Grupo Nelson es una marca de Thomas Nelson, Inc.
www.gruponelson.com

A menos que se indique lo contrario, todos los textos bíblicos
han sido tomados de las siguientes versiones: Santa Biblia,
Versión Reina-Valera 1960 © 1960 Sociedades Bíblicas Unidas
en América Latina. Usado con permiso.

La Nueva Versión Internacional® NVI® © 1999 por la
Sociedad Bíblica Internacional. Usado con permiso.

La Biblia de las Américas © 1986, 1995, 1997 por
The Lockman Foundation. Usado con permiso.

Tipografía: *Grupo Nivel Uno, Inc.*

ISBN-10: 1-60255-000-X
ISBN-13: 978-1-60255-000-1

Impreso en Estados Unidos de América

ÍNDICE

Tercera Parte

ACCIÓN

AGRADECIMIENTOS

GRACIAS A:

Linda. Nunca imaginé que estar casado contigo sería esta aventura tan increíble de vivir, disfrutar y soñar. Gracias por volar conmigo y por creer en mí, a veces aun más que yo mismo. Te amo muchísimo y no hay manera de agregar valor al tesoro que eres para mí y nuestra familia.

Angelo, **Mike** y **Eric**. Mis tres guerreros. Han llenado de esperanza nuestro hogar. Recuerden siempre que son especiales y que Dios los va a usar. Creo mucho en ustedes.

Luis Enrique Espinosa. Fuiste el primero que creyó en mí. El primero en invitarme a grabar; el primero en enseñarme a escribir canciones y quien me regaló mi primera Biblia. Me salvaste la vida al ser como tú eres. Gracias por invertir en mí.

Napoleón Mendoza. Gracias por inspirarme y empujarme a creer. Eres una bendición gigante. Estoy endeudado contigo.

El equipo de ReyVol Records. Gracias especialmente a TODOS por abrazar la visión que Dios nos ha dado a Linda y a mí para ver a esta generación apasionada por Jesús.

Marcos Witt. Perdón si a veces sueno como tú. Eres la influencia más grande de mi juventud. Gracias por dejarme aprender a tu lado todos estos años.

Lucas Leys. Por inspirar a la nueva generación de líderes de Latinoamérica y por ser un ejemplo. También por tu ayuda en el capítulo tres. Gracias doctor.

Pacco y Mimí Espinosa, Mike Herron, Joe Rosa, Junior Zapata e Isaac Mateos y el resto de mis familias.

Por sembrar en mi vida en diferentes épocas. Al hacer *su trabajo* me impactaron e inspiraron a creer.

Francisco y **Célida**. Mis papás. Los honro por su fidelidad, servicio y entrega a Dios. Su integridad es algo que marcó a sus hijos, a sus nietos y en el cielo sabremos a cuántos más.

Nahúm y **Nahúm Jr.** **Galdamez**. Por ese tiempo en California que me reincendió el trabajo en este libro.

Sam Rodríguez y **Grupo Nelson**. Soy bendecido por estar con un equipo de gente excelente en todo lo que hacen.

A todas las personas que invierten en esta generación (líderes de jóvenes, papás y comunicadores en ciudades chicas y grandes). Toda la inversión que hacen no pasará inadvertida pues viene el mejor tiempo para nuestra Iberoamérica. Mil gracias.

Dios. Tú eres el centro de lo que somos y hacemos. Gracias por tu gracia y misericordia.

INTRODUCCIÓN

Enséñanos a pensar cómo vivir
para que nuestra mente se llene de sabiduría.

Salmo 90.12

Creo mucho en esta generación. Creo en ti. Tú, que tienes este libro en tus manos —cualquiera sea tu edad—, Dios te puso en la tierra para lograr sus propósitos. Eres muy especial para Dios y Él *quiere* mostrarte cómo tener una vida llena de significado.

Me inspira lo que escribió Moisés en el salmo 90. ¿Sabes? Él era un «viejo» con mucho camino recorrido cuando escribió eso. No se creía un sabelotodo (aunque estudió en las mejores escuelas y fue un líder político y social increíble), sino que le dijo a Dios: «Enséñame a vivir». No le dijo: «Enséñame a armar mi empresa», ni «Enséñame a ser mejor en lo que sé hacer». Él sabía que necesitaba aprender y *seguir* aprendiendo.

La vida en la tierra está hecha de *tiempo* y si uno lo malgasta entonces malgasta la vida. Por eso me honra que tengas este libro en tus manos; no lo tomo a la ligera. Los latinoamericanos tenemos fama de leer poco, así que te felicito por no ser del montón y decidirte a aprender continuamente.

Este libro está dividido en tres partes y lo que te expreso son cosas que he aprendido «en el camino». Son puntos que me han sido muy útiles en lo personal y al preguntarles a otras personas y amigos me he dado cuenta de que son principios que también han dado resultado con ellos.

La primera parte se trata acerca de entender el amor de Dios hacia nosotros, pues conocer su amor es la manera de vivir en libertad. En la segunda parte hablo de usar lo que posees, sin esperar a tener las «situaciones perfectas» a tu rededor. Y en la tercera parte espero poder animarte a dar el paso para accionar y hacer lo que es más importante en la vida: buscar diariamente la dirección de Dios.

No tengo todas las respuestas (ni lo pretendo); no intento decirte cómo vivir tu vida (eso sólo lo puede hacer Dios, si lo dejas), pero lo que sí deseo con todo mi corazón es que estas líneas puedan inspirarte para tener un nuevo comienzo en tu caminar con Dios y que puedas empezar a descubrir y *sacar* lo que Dios ha puesto en ti.

Una cosa más. El Espíritu Santo es el mejor Maestro, así que te animo a que le pidas que te enseñe. Antes de leer este u otro libro, aparta unos segundos para decirle con sinceridad: «Señor, háblame, enséñame. Dame más hambre por conocerte» y vas a ver que lo hará, pues está muy interesado en ti.

La mejor manera de vivir es rindiendo todo a nuestro Señor. Pídele que te enseñe a vivir y prepárate para ser sorprendido por su gracia, misericordia y amor, pues comenzarás a vivir la vida en abundancia que Él tiene para ti.

Emmanuel Espinosa
Houston, Texas

Primera Parte

Dios y yo

CAPÍTULO 1

DIOS Y SU AMOR

Eran las seis de la mañana. Todavía estaba oscuro. El sol no salía a esa hora, pues estábamos en pleno invierno. La noche anterior RoJO había tenido un concierto en esa ciudad y ahora estábamos a punto de tomar algo de desayuno en el pequeño restaurante del hotel, pues viajaríamos por varias horas a la siguiente ciudad de la larga gira que hacíamos a muchos kilómetros de casa. En eso, llegó un chico.

Me extendió su mano fría, me saludó y se presentó:

—Hola, me llamo Héctor.

—Emmanuel, mucho gusto.

—¿Podemos hablar?

—Claro que sí.

Lo invité a sentarse conmigo y tomar un café para que se le quitara el frío. Me platicó que salió de su casa muy temprano y, como no había transporte público a esa hora, tuvo que llegar caminando, y a veces corriendo, hasta donde estábamos hospedados. Y así, nomás, como si hubiéramos sido amigos por mucho tiempo, Héctor empezó a hablar y a abrir su corazón.

Me platicó de su vida y algunas de sus frustraciones. Me dijo: «¿Sabes? Yo siempre he sabido que quiero hacer algo en la vida. No quiero ser un cero a la izquierda. Quiero ser "alguien". Quiero hacer algo para Dios y anoche en el concierto se me confirmó. He soñado con hacer muchas cosas; hacer algo que haga alguna diferencia pero, a veces siento que estoy en el lugar equivocado. Pienso que estoy estudiando lo equivocado. Muchas veces siento que estoy en el país errado. Hay ocasiones en que siento que estoy en la familia errada».

La mayor parte del tiempo, Héctor miraba a la mesa mientras hablaba. Parecía que se armaba de una convicción muy fuerte en lo que decía y me miraba muy profundo a los ojos.

Por lo fluido de sus palabras, me di cuenta de que eran frases que se había puesto a recitar en su mente, quizá acostado en su cama cuando era hora de dormir o mientras veía a otros vivir lo que él había soñado hacer.

Héctor sólo se detenía para poner saliva en sus labios que se le secaban. No tomaba café. Me seguía platicando de todas las razones por las que sería complicado que Dios hiciera algo interesante con él. Que no tenía dinero; que no iba a poder ir a una buena escuela por la situación económica en su casa; que luchaba con su autoestima; que no tenía suficiente carisma; que no conocía a gente de influencia; que no era tan talentoso como otras personas que conocía; que vivía muy lejos de la capital del país y que en su ciudad «no pasaba nada».

Héctor tenía quince años y terminó su monólogo diciendo: «...y además, estoy harto de fallarle a Dios siempre con el mismo pecado. De seguro lo tengo harto de pedirle perdón por lo mismo». Él guardó silencio y yo también.

Inmediatamente pensé: *No es Héctor con quien estoy hablando. ¡Es Emmanuel! ¡Soy yo! Estoy mirándome en un espejo. Estoy escuchándome decir las mismas palabras que nunca me atreví a decirle a alguien.* Pues yo estaba igual que Héctor a los quince años; y a los dieciséis... y a los diecisiete... dieciocho...

Después de esa mañana me he encontrado a muchos «Héctores» y «Héctoras» que me han dicho cosas muy similares. Me platican de todas las razones por las que Dios no podría hacer algo bueno de ellos. Personas con ganas de hacer algo pero que creen que las oportunidades son para otros. Jóvenes que han tenido encuentros genuinos con Dios, pero que la rutina diaria y los problemas de su entorno les bajan los ánimos y les hacen pensar que no se podrá. Gente que creen que son demasiados normales para que Dios se digne de usarlos.

Si eres un «Héctor» o una «Héctora» y estás leyendo estas líneas, quiero decirte algo que nunca debes olvidar. Guárdalo en tu mente y corazón: Dios te ama y Dios quiere usarte.

Dios te ama y quiere usarte

Dios te ama así como eres, así como estás. ¿Sabías que no hay nada que puedas hacer o dejar de hacer para que Él te ame? ¡Nada! Él te ama por lo que Él es. Él *es* amor. Su amor no depende de lo que tú eres o lo que haces. No importa lo que pienses o en qué tipo de líos estás metido. Él te ama porque quiso amarte. Vales tanto para Jesús, que murió por ti en la cruz para que vivieras. Qué increíble, ¿no es cierto? El día que entendí eso me sentí más liviano, y supe que podía salir adelante «a pesar de como soy», pues todo depende de Él.

La autoestima

Me atreví a escribir este libro porque *siempre*, en cada ciudad que voy, encuentro chicos que me dicen: «Quiero servir a Dios pero, ¿cómo comienzo?» «Quiero hacer algo con mi vida, pero me falta mucho». Esa misma pregunta me hacía yo, solo que se la preguntaba al espejo o la decía en mi mente cuando iba en el autobús rumbo a la secundaria cargando una mochila de inseguridad y complejos, mezclados con sueños.

Así como a mí me pasó, veo a muchos chicos como Héctor que luchan con tener una autoestima saludable.

Y ¿qué es la autoestima? La autoestima es el sentimiento más profundo de lo que uno piensa de sí mismo. En otras palabras, es como te percibes o cómo te ves a ti mismo. Lo que *tú* crees que vales.

En esto de la autoestima tiene mucho que ver la familia y los amigos cercanos. Lo que nuestros papás y gente cercana nos dicen desde pequeños nos marca muy fuertemente. Si vas por la calle y alguien te gritara diciendo algo como: «¡Eres una basura y no sirves para nada!» quizás lo mirarías indiferente y dirías: «¿Qué le pasa a este loco?» y seguirías caminando sin problemas. Pero si alguien cercano en casa o en la escuela te dijera esas palabras quizá hasta quedes herido por un tiempo; algunos quedan heridos por *años*.

Ya sea que hayas crecido en una casa en la que en vez de llamarte por tu nombre te lo cambiaban por «tonto», «burro», «inútil», «animal», «bestia peluda» u otros o que crecieras en una en la que te dijeran: «Dale», «Tú puedes», «Qué inteligente eres», «Vas a ser exitoso»; no importa cual versión de casa te haya tocado, esas palabras o frases te marcan por muchos años. Aunque no recuerdes momentos específicos, esas palabras se quedan en tu inconsciente y surgen en momentos que las necesitas, y aun cuando no las necesites. ¿Por qué? Porque en gran parte vamos formando nuestra propia imagen (autoestima) en lo que dicen las personas cercanas a nosotros.

Ya no es tiempo de culpar a tus papás por las cosas que te dijeron, porque igual que el resto de los progenitores del mundo, aprendieron a ser papás cuando tú naciste, y así como tú y tus hermanos tienen personalidades y estilos diferentes, las lecciones para padres también son diferentes. Probablemente tuvieron una infancia difícil y muy pocos ejemplos de los cuales tomar «consejos para criar hijos». Lo que sí te aseguro es que la mayoría de los papás han hecho lo mejor que pueden, y gran parte de las ocasiones con mucho sacrificio, quizá pensaban que al decirte «burro» te iban a animar para salir adelante o triunfar en la vida.

Hay diferentes maneras de «luchar» con la autoestima. Algunos convierten esos sentimientos en:

- *Flojera.* Dejan de intentar o aprender cosas para evitar ser «expuestos» a la opinión de otros.
- *Pesadez o acritud.* Se burlan o desprecian a otros para sentirse mejor consigo mismos.
- *Negativos.* Usan una máscara para aparentar que todo está bien. «¿Problemas? ¡¿Yo?!»
- *Indecisión.* Toman cualquier decisión (como salir con un chico que *sabes* que no conviene, para ver si él sí te ama).
- *Falsedad.* Aparentan ser un sabelotodo, tener dinero y conexiones y compran los «juguetes» del momento (¡aunque estén bien endeudado!).

¡Pero no puedes seguir dejando que las opiniones de otros marquen lo que eres! Tú eres demasiado especial. Muchos no lo van a ver porque están luchando con su propia baja estima, así que deja de preocuparte por lo que otros digan.

La razón por la que es importante tener una autoestima sana es que lo más probable es que actuarás basado en lo que crees que eres.

Salomón lo descubrió hace mucho cuando dijo: «Porque cual es el pensamiento en su corazón tal es él».[1] Es decir, lo que tú creas que eres eso serás.

No que sea algo «mágico», sino que está comprobadísimo que lo que pienses de ti mismo se reflejará en tu persona y en tu forma de ser y actuar. Por ejemplo, si crees que eres un(a) bueno(a) para nada, insignificante, aburrido(a) y nada talentoso(a), seguramente actuarás como tal. Sin embargo, si crees que puedes, que eres talentoso(a), y que «no estás feo(a)», entonces actuarás diferente.

ES IMPORTANTE TENER UNA AUTOESTIMA SANA PORQUE ACTUARÁS BASADO EN LO QUE CREES QUE ERES

Mírate como Dios te mira

La manera de tener una autoestima sana es mirarte como Dios te mira. La buena noticia es que Dios no piensa como tus amigos de la escuela ni habla como —a veces, «sin querer»— hablan tus papás.

Lo sé porque hace unos años descubrí que Dios piensa muy bien de mí a pesar de cómo soy. Como te dije antes, Él nos ama como somos y como estamos. No importa cuál sea nuestra opinión de nosotros mismos, Él tiene una opinión más real porque nos hizo a su imagen.

El salmo 139 es uno de mis pasajes favoritos en la Biblia. Allí, David escribe algo que Dios le inspiró.

Tú creaste mis entrañas; me formaste en el vientre de mi madre. *¡Te alabo porque soy una creación admirable!* **¡Tus obras son maravillosas, y esto lo sé muy bien! Mis huesos no te fueron desconocidos cuando en lo más recóndito era yo formado, cuando en**

lo profundo de la tierra era yo entretejido. *Tus ojos vieron mi cuerpo en gestación*: todo estaba escrito ya en tu libro; *todos mis días se estaban diseñando*, aunque no existía uno solo de ellos (vv. 13-16, NVI, énfasis agregado).

¡Dios te hizo una *creación admirable*! Aunque a veces no te *sientas* así, Dios sí te mira así porque ve más allá de lo que ven tus amigos o tus papás. ¿Puedes creer que aun *antes* de nacer, Dios ya supervisaba tu crecimiento y te cuidaba? Una vez escuché a alguien decir que «Dios no hace basura», y es muy cierto, ¡Dios no se equivoca! Él te trajo a este mundo porque eres único y útil, no importa lo que otros hayan dicho. Él tiene un plan y un propósito para ti.

Me gusta tanto este salmo que le puse música, y en el álbum *Edición Especial*, grabamos la canción «Bajo tu control»:

Si pudiera yo subir al cielo
Allí te encontraría
Si bajara a lo profundo de la tierra
También allí te encontraría
Si volara yo hacia el este
Tu mano derecha me guiaría

Si me quedara a vivir en el oeste
También allí me darías tu ayuda
Me tienes rodeado
Por completo
Estoy bajo tu control.[2]
(Salmo 139.8-10,5, BLA)

El resumen de la canción es que no importa si estamos muy arriba o muy deprimidos y hundidos. No importa cómo nos *sintamos*, Dios nos ama tanto que su amor nos encontrará dondequiera estemos.

Pero también es muy importante que no te impongas etiquetas. No abraces lo que otros dicen de ti, sobre todo si no es cierto. Lo que otra persona diga de ti sólo será cierto si tú lo aceptas. El enemigo es astuto y tratará de usar esas opiniones y palabras de otros; tratará de ayudar a que esas palabras se aniden en tu mente y vivas derrotado (como un «loser»). Eso es lo que él quiere, pero Dios tiene unos planes increíbles para ti. Levántate y comienza a creerle a Dios. (Veremos más de este tema más adelante.)

Amor incondicional

Todo tiene un costo. Lo que vemos en los comerciales de televisión que dicen: «Si compras este cuchillo te enviaremos un segundo cuchillo ¡gratis!» ¡Ja! Aun en eso, al comprar el cuchillo «en oferta», estás pagando el precio del segundo. Hay gente que te hace un favor y después te dicen: «Me debes una» (y dices: «¿Qué no era un *favor*?»). A veces vas a una tienda que dice tener descuentos y al compararlo con otra tienda te das cuenta que lo que hicieron fue subir el precio al público para que pareciera un «especial», y terminaste pagando el precio normal. Por eso para algunas personas es difícil entender que el amor de Dios es incondicional y gratuito. Piensan que hay algunas «letritas escondidas en el contrato», pero por más «imposible de creer» que sea es, así es: no nos cuesta nada, sólo hay que recibirlo.

> El verdadero amor no consiste en que nosotros hayamos amado a Dios, sino que él nos amó y envió a su hijo para que nosotros fuéramos perdonados por medio de su sacrificio (1 Juan 4.10, BLA).

El amor de Dios es gratis para nosotros, pero a Él le costó la vida. Te ama tanto que fue a la cruz para decirte

que eres especial, que vales mucho más que lo que otros opinen, que eres importante y único. No debes ponerte a sacar cálculos y preguntarte si mereces su amor o si ya lo enfadaste por pedirle perdón siempre por las mismas fallas, porque el hecho de que Él te ame no depende de ti; depende de que Él quiso amarte. Él conoce tus sentimientos, tu pasado, tus luchas y temores. Él te hizo y quiere lo mejor para tu vida. Es hora de creerle, levantarte y seguir adelante.

Ahora, Él nos ama tanto que no quiere dejarnos como estamos. Él quiere que lleguemos a la estatura del varón perfecto que es Jesús. Quiere que seas como Jesús, pero te ama desde ahora, a pesar de tus fallas y tus luchas. Sigue leyendo.

TíPS

- Cuando veas a un grupito de personas hablando entre ellos y al tú pasar por un lado notas que comienzan a reír y sueltan unas carcajadas, no te hagas la víctima. Lo más probable es que sólo se estén riendo de un chiste.

- La gran mayoría de personas (de todas las edades) luchan con su autoestima, así que no creas que todos andan concentrados en revisar cuantos barritos traes en la nariz esta semana, o si tienes unos kilitos de más.

- Revisa tu autoestima siempre. No te creas la mamá de Tarzán ni tampoco te la pases tirado en el piso.

- Si tienes algo físico que no te gusta o te avergüenza, sacúdetelo y aguántate. Así te hizo Dios (te hizo una creación admirable, no lo olvides), y de seguro encontrarás a alguien que le gusten tus piernas de «popote»[3] o tu nariz de alcanzaquesos.

- Lee seguido el salmo 139 para recordar lo que Dios piensa de ti. (También puedes aprenderte «Bajo tu Control» para que lo cantes seguido.)

CAPÍTULO 2

¿YO? ¿ADORADOR?

Dios quiere relacionarse contigo y conmigo. No como un jefe malhumorado con su empleado; ni como un papá enojón con el hijo. No. Dios nos hizo para tener comunión con Él. Para estar juntos. Él nos hizo para amarnos.

Dios. Sí, Dios. El creador del universo, el Señor y dueño de todo; el que hace que el sol no se salga de su órbita y que nos da los sentidos para oler las flores. El que nos da el aire que respiramos y que nos sonríe cada mañana. Ese Dios quiere tener relación con nosotros.

DIOS NOS HIZO PARA AMARNOS, PARA ESTAR JUNTOS

A Él no le importan los complejos o luchas que tengas. Él quiere tener relación contigo para darte las herramientas que requieres para salir adelante y para que sepas para qué te puso aquí en la tierra. No hay nadie más interesado en tu bienestar que Dios.

Hay muchas cosas que Dios quiere hacer contigo, pero lo primero que debes hacer es conectarte con Él; esa es la mejor manera de descubrir para qué naciste y cuál es tu misión en la vida.

La necesidad de conexión

Dios nos hizo con la necesidad de buscarle. Desde que formó al hombre, nos diseñó para tener una relación con nosotros todos los días; no sólo los domingos o cuando tuviéramos problemas, sino las veinticuatro horas del día los siete días de la semana. ¿Sabías que Él *disfruta* estar contigo? Para eso te hizo, para tener relación contigo.

Cada persona del mundo nació con un vacío tamaño «Dios», y el único que lo puede llenar de manera satisfactoria es Dios. Es lo único que cabe de manera perfecta.

Ni relaciones sexuales, ni drogas, ni religión, ni distracciones, ni *nada* ni *nadie* lo puede llenar. Sólo Dios. No importa cuantas cosas queramos meter para llenar ese vacío, sólo lo puede llenar Dios.

Todos somos adoradores

C-A-D-A persona del mundo busca tener esa conexión con Dios porque necesitamos adorar. Así fuimos diseñados. Ricos, pobres, religiosos, ateos, políticos, músicos, empresarios, pastores, líderes, artistas. El flojo, el trabajador incansable, el introvertido, el extrovertido: *todos* somos adoradores constantes de algo o de alguien.

¿Qué es adorar?

A mí me encanta la música, pero déjame decirte que adorar no es cantar o comprar[1] el último disco compacto de «alabanza y adoración». Unos dicen: «Vamos a adorar a Dios» y sacan la guitarra, cantan unas canciones lentas («las rápidas son de alabanza», dicen), y entonces se acaba la música y se acaba la adoración (según ellos). Pero adorar no es cantar. Claro que la música nos sirve para expresarnos mejor con Dios y con las personas (por ejemplo, los enamorados se cantan o se dedican canciones uno al otro), pero *adorar a Dios es más que una expresión.*

«La adoración no es un "acto" que dura una cierta cantidad de tiempo (cantar, por ejemplo, treinta minutos los domingos), sino que "es la decisión que tomamos al escoger quién o qué será nuestro señor y el foco de atención para nosotros, y la manera en que nos entregamos a esa decisión con devoción y servicio". Es decir que podemos terminar adorando a la actividad, persona o cosa que ocupa la mayor parte de nuestros pensamientos y tiempo».[2]

O sea, si todo lo que haces es pensar en una chica o un chico, y tu vida gira en torno a eso, entonces ella o él es el centro de tu adoración; si trabajas demasiado que no puedes atender a tu familia, entonces el foco de tu adoración es tu trabajo; si la mayor parte de tu tiempo la pasas viendo tele o navegando en el Internet, entonces... ajá, ya me entendiste.

Las personas que Dios busca

En Juan 4.23 Jesús dijo que el Padre está *buscando* verdaderos adoradores. «Si el padre está buscando adoradores, seguro es porque le faltan, pero el hecho es que ¡deberían *sobrarle* adoradores!»[3] Dios no está buscando *adoración*, sino *adoradores*, es decir, Él no busca una canción o una acción o una «cara de religioso que acaba de chuparse un limón», sino un corazón.

DIOS NO BUSCA UNA CANCIÓN O UNA ACCIÓN, SINO UN CORAZÓN

Cuando la Biblia dice que Dios está buscando verdaderos adoradores, no significa que busca gente perfecta, talentosa, simpática o santurrona. Sino que busca gente sincera y completamente entregada. Con luchas pero entregada; con tentaciones pero entregada; imperfecta pero entregada; con desafíos pero entregada.

Esa es la gente que Dios busca, gente que no le dice: «Te amo con una parte de mi corazón», sino que dicen: «Soy completamente tuyo».

Cuando escribimos la canción «Soy tuyo hoy» en el álbum *24-7*, lo que teníamos Linda y yo en nuestro cora-

zón era hacer una canción a Dios de lo que realmente es para nosotros adorarlo.

> Junto a ti es donde yo quiero estar
> En lo más secreto de tus alas habitar
> Nada más tiene valor para mí
> Anhelo adorarte y entregarme todo a ti
> Lo que soñaste para mí yo quiero hacer
> Existo para estar muy junto a ti.[4]

Él quiere que le abras tu corazón para mostrarte todo lo que piensa de ti y lo que quiere hacer contigo. Dios tiene planes para ti:

> Yo sé los planes que tengo para ustedes,
> planes para su bienestar y no para su mal,
> a fin de darles un futuro lleno de esperanza.
> Yo el Señor lo afirmo.
> (Jeremías 29.11, DHH)

Rendición total

«¿Te rindes?» Eso les digo a mis hijos cuando estamos jugando luchitas y los tengo con una «llave de lucha libre» (según yo) de la que no se pueden librar; hacen todo lo posible pero no pueden. A lo mejor eso te decía tu hermano mayor cuando te torcía el brazo o te doblaba el cuello tanto que parecía que iba a quebrarlo (...o quizá eres tú el que le hacías las «llaves» a uno de tus hermanitos).

Cuando te rindes reconoces que eres vulnerable (o sea, que no te queda salida, que ya hiciste todo tu esfuerzo pero no puedes más) y, sinceramente es humillante (recuerdo cuando uno de mis hermanos me hacía eso). Rendirte es decir: «No puedo; tú eres más fuerte».

¿Sabes que eso es lo que quiere Dios de ti y de mí? Él quiere que nos rindamos, que le digamos: «Tú eres más fuerte. Tú sabes más que yo. Tú eres más sabio que yo». La diferencia entre Dios y tu hermano es que Él no te lo pide a la fuerza ni te va a torcer un brazo para que lo hagas. No. Él lo hace con amor, con paciencia, con susurros a tu oído. Él quiere que vivas rendido a Él porque ¡te conviene!

Adoración es entrega total. Es rendirte. ¡Por eso faltan verdaderos adoradores! Gente que quiera darle a Dios su TODO. Entregar y rendir sus pensamientos, decisiones, acciones. Dios busca gente que le entregue sus planes, su cuerpo, sus sueños, su vida sexual, sus luchas, sus temores. Todo lo bueno y todo lo malo que creamos que tengamos.

Vivir rendidos a Él nos conviene

«Pero entonces, ¿es acaso Dios un egoísta que me quiere tener oprimido como si fuera su súbdito?» podría alguien preguntar. La respuesta es un rotundo ¡NO! Él quiere amarte y que cumplas con el motivo por el que te puso en la tierra. Quiere que tengas una vida emocionante y exitosa. Dios no necesita que lo adoremos, pero nosotros sí necesitamos adorarle. La persona que más gana en el asunto de la adoración eres tú. Él quiere que tú lo decidas; Él no te obliga a amarlo o querer estar con Él. Si vives rendido a Él tomarás mejores decisiones, buscarás agradarlo, pensarás en tu futuro de una manera más real (no como *otros* te lo pintan, sino como

Dios te lo pinta). A Dios puedes confiarle tu vida y tu futuro.

> Te amo y quiero darte mis sueños
> Me desespero si no te veo
> Y seré esclavo de tu amor
> Amante de tu voz
> Te doy mi corazón
> Soy tuyo hoy.[5]

Cuando trabajamos en una grabación musical usamos computadoras, módulos de sonidos, grabadoras y otros aparatos. Aunque se pueden usar por separado, la mejor manera de aprovecharlos es cuando están «sincronizados», es decir, cuando todos funcionan al mismo tiempo. Conectamos un cable de una máquina a otra para que estén todos comunicados y, entonces, determinamos cuál será el aparato «maestro», y todos los demás los asignamos como «esclavos». Así, cuando el «maestro» se mueve, todos los «esclavos» le siguen; si el «maestro» se detiene o se regresa, el resto de aparatos hacen lo mismo.

Yo he decidido ser esclavo de Dios porque quiero estar en «sincronía» con lo que Él quiere y hace, y aunque no llevo una vida de «perfección», he visto increíblemente su mano y su dirección. ¡Me conviene! ¡No quisiera vivir de otra manera!

Verdadero adorador

Hay verdaderos adoradores y *falsos* adoradores. Por ejemplo: Si yo abrazara a Linda, mi esposa, y le digo palabras como: «Eres la mujer de mis sueños. Te amo y te amaré hasta que me muera. No hay otra chica más bella y más especial para mí», pero al salir de casa busco a otra chava y hago lo mismo, entonces sería un infiel, mentiroso, hipócrita y poco hombre. Si digo las cosas como un enamorado pero no las vivo, entonces sería un «*falso enamorado*», ¿no es cierto?

Nunca he hecho eso con mi esposa, pero sí he sido culpable de hacerlo con Dios. ¡Claro! No lo he hecho con palabras, pero sí con mis acciones. Probablemente le digo a Dios muchas cosas «lindas» en la mañana, pero en la tarde me distraigo y tomo decisiones, hablo o pienso como si yo fuera el centro del universo. Eso entonces me convierte en un «*falso* adorador». Alguien que *dice* pero no *hace*.

Por eso Dios no busca «palabras bonitas», o que «llore mientras canto "Dios manda lluvia"». Dios no busca palabras ni adoración ni emociones extremas descontroladas: Él busca *verdaderos* adoradores. Él no busca la canción; Él busca a la persona. Te busca a ti, me busca a mí.

Más la hora viene, y ahora es, cuando los *verdaderos* adoradores adorarán al Padre en espíritu y en verdad; porque también *el Padre tales adoradores busca que le adoren* (Juan 4.23, RV60, énfasis agregado).

Canta con la vida

Él quiere tener esa relación y, una vez que la tengamos, entonces nos mostrará todo lo que quiere hacer con nosotros. Él *busca* personas que se entreguen. Que no solo lo digan, sino que lo vivan. Personas que canten menos con la boca y más con la vida, es decir con sus decisiones, sus acciones. El resto de «Soy tuyo hoy» dice:

Con mi vida cantaré
A tu trono llegaré

Mi adoración por ti
Jamás nadie podrá callar.

Si no podemos cantar o nos cierran la boca no importa, pues nuestra adoración no son las palabras. Nuestra adoración surge de un corazón enamorado. De un corazón agradecido.

¿Cómo hacer para comenzar?

Por supuesto que hay más cosas que puedes aprender para convertirte en un verdadero adorador, pero acá te doy algo para que sea un buen inicio.

Aunque adorar a Dios es una disciplina, no tiene que ser mecánica, forzada ni monótona. Recuerda que Dios te ama como eres y como estás. No tienes que «cambiar»[6] lo que eres para acercarte a Él. Tampoco tienes que hacer toda una ceremonia.

No importa en dónde estés, puedes tener ese dialogo con Él. En el auto, en el autobús o caminando, puedes comenzar desde hoy y decirle lo que esté dentro de ti. Puedes decirle por ejemplo: «Jesús, gracias por amarme como soy. Gracias porque no depende de mí que me ames. Gracias por tu sacrificio en la cruz, pues eso me deja adorarte. Quiero conocerte y que me conozcas. No quiero ser un religioso, sino alguien que te conoce de verdad. Ayúdame a tomar buenas decisiones hoy. Quiero vivir para ti».

Hacer una oración así no toma mucho tiempo, pero si lo haces con todo el corazón, entonces puede ser el inicio de una vida de adoración genuina. La clave es comenzar ya. Puedes hacerlo de la siguiente manera:

- *Sé agradecido.* La verdadera adoración comienza con un corazón agradecido. Dale gracias a Dios por la vida, por el sustento, porque no te falta nada.
- *Estudia los salmos.* Los salmos fueron escritos por gente como tú y yo, y allí nos dan una muestra de que se puede hablar a Dios sin importar el estado de ánimo o los problemas que tengas. Puedes acercarte a Dios con tus alegrías o temores; con tus victorias o derrotas; si tienes esperanza o tristeza.
- *Conoce los nombres de Dios.* A Dios no solo puedes llamarle «Dios», sino que le puedes llamar padre, amigo, sustentador, Señor, verdadero, fiel, glorioso, perdonador, eterno. Eso y muchas cosas más es

lo que Dios quiere ser para ti y mostrarse de esa manera en tu vida diaria.

El doctor Lucas Leys menciona que antes la adoración y oración no estaban separadas como ahora. Por eso adoración y oración son ese diálogo continuo que puedes tener con Dios. Hoy en día algunos creen que adoración es cantar, y que orar es decir las mejores palabras que se nos vengan a la mente, pero no es así. Permíteme repetir: Adorar a Dios es *vivir* entregado a Él. Sin máscaras ni reservas. Le adoras en la manera que decides; en la manera que hablas; en la manera que vives.

El viaje comienza

Conocer a Dios no es como leer la biografía de algún personaje y decir: «Ah, ya lo conozco». Es mucho más dinámico y real. Dios te va a hablar un día y te seguirá hablando al otro día y así seguirá, hablándote y dirigiéndote, y entonces te darás cuenta que conocer a Dios es un viaje buenísimo y emocionante. Un viaje que comienza con saber que Él te ama incondicionalmente y que disfruta hablarte y abrazarte. Un viaje en el que

irás descubriendo más facetas de su amor y dirección en lo *práctico*.

Es mi oración que a partir de ahora mismo estés listo para buscarlo todos los días y que el Padre no tenga que buscar más en ti un verdadero adorador, porque lo serás en «espíritu y verdad».

TIPS

- **Enchúfate en la mañana.** Es cierto que para Dios no hay horario, pero para nosotros sí. Generalmente en la mañana estamos más con el pensamiento de reempezar; así que comienza levantándote diez minutos antes de tu horario normal. Lee un proverbio y habla con Dios (si quieres comenzar con más tiempo está bien, pero diez minutos es un buen comienzo).

- **Cómprate una Biblia que entiendas.** Con eso quiero decir que te compres una versión moderna como Dios Habla Hoy, Biblia en Lenguaje Actual, Nueva Versión Internacional u otra. Mi hermano Luis Enrique «me salvó» al regalarme una de esas cuando yo tenía quince años, porque *entonces* pude entender lo que significaban algunas palabras de mitad de siglo.

- **Sé constante.** Formar malos hábitos es muy fácil, pero los buenos hábitos cuestan. No te rindas. Recuerda que estás haciendo la mejor inversión de tu vida.

- **Adora a solas.** Recuerda: Dios quiere estar contigo, pero no te va a forzar a que lo hagas; no se te va a aparecer un ángel y decirte: «Es tiempo de adorar a Dios». Tú tienes que decidirlo. Comienza haciéndolo veinte minutos una vez por semana (el miércoles por ejemplo) en la mañana. (Según vayas profundizando y disfrutando, agrega los días y minutos que quieras.) Toma tu Biblia nueva y un cuaderno y enciérrate en tu cuarto (si no tienes tu propio cuarto, pues enciérrate en el baño). Nota: A algunos les gusta usar música suave en sus devocionales; en mi caso me distrae mucho, así que casi no la uso, pero tú puedes intentar si gustas.

- **Ayuda a alguien.** Sirve a alguien. No te la lleves de rodillas. Adorar y servir van muy unidos, porque cuando conoces más a Dios te das cuenta que Él ama a las personas (como te ama a ti), y entonces vas a querer ayudar a otros. Si ves alguna necesidad en casa, en la calle o en la iglesia, ofrécete en cosas sencillas aunque no te agradezcan mucho. Sé espontáneo. Que no te importe si no te dan gracias o no te entregan un «reconocimiento»; hazlo sólo por amor a Dios.

- **Escribe lo que te va pasando.** En un cuaderno exclusivo para «notas personales», escribe lo que te impacte o te guste de los proverbios que lees o de los tiempos a solas con Dios o cuando ayudas a alguien. Después podrás leer esas notas y ver cuánto y cómo estás creciendo.

- **Si te desconectaste por un tiempo, ¡vuelve pronto!** Si debido a los exámenes en la escuela, el trabajo, el descuido, la indisciplina o a algún pecado dejaste de buscar a Dios en lo «práctico» (ejemplo: enchufarte en la mañana, adorar a solas), retómalo inmediatamente. A veces formar el hábito cuesta, pero vas a ver que vivir adorando a Dios es la mejor decisión que puedas tomar en la vida.

CAPÍTULO 3

CONVIÉRTETE EN LO QUE YA ERES

Por todo el mundo, son muy famosas las telenovelas que se hacen en Latinoamérica. Aunque no he sido muy «fan» de ellas, reconozco algunos de los títulos y recuerdo muchas de las historias.

Aunque hay un poco de variantes, por lo general, una de las historias que se repiten mucho va más o menos así: Hay una chica pobre o huérfana, noble y de buen carácter, que vive en la orilla de la ciudad y que se enamora del chico rico. Nadie la quiere, incluyendo la familia del chico. Pero entonces se descubre que ella tuvo un tío que murió hace mucho tiempo y le dejó una herencia millonaria. Ella no lo sabe, pero al descubrirlo las cosas comienzan a cambiar. Y entonces empieza la trama que te atrapa por varias semanas o meses.

Al ver la «novela», nos desespera ver a la chica sufriendo consecuencias y viendo que sus «enemigos y enemigas» se burlan de ella sin razón. La desprecian; le ponen sobrenombres o apodos y le hacen la vida imposible.

Nosotros sabemos que ella es multimillonaria, pero ella no lo sabe. Nosotros sabemos que ella puede vivir de otra manera, pero ella no lo sabe. Ella ve su *condición*, pero no ve su *posición*, por lo que actúa basada en su condición.

Y así, como la chica de la telenovela, hay muchos cristianos que viven basándose en su *condición* en lugar de basarse en su *posición*.

> HAY MUCHOS CRISTIANOS QUE VIVEN DECIDIENDO Y ACTUANDO BASÁNDOSE EN SU *CONDICIÓN* EN LUGAR DE BASARSE EN SU *POSICIÓN*

Mi caso

En mi caso, hubo un largo tiempo de mi vida en que yo era esclavo del pecado. No tenía nada de voluntad para decir «no» al pecado o a las tentaciones. Vivía con el pecado como mi más fiel acompañante. La tentación llegaba a mi mente y como si fuera mi amo, le obedecía inmediatamente. Cuando me despertaba, cuando iba a la escuela o a trabajar, cuando comía, cuando estaba en el autobús o en el auto, hasta que me iba a dormir, el pecado, en manera de pensamientos o acciones, me rodeaba por todos lados. A veces sentía que cavaba un hoyo para tapar otro. ¿Te ha pasado a ti?

Decide en dónde vivir

Quisiera decirte que ya no peco y que soy perfecto, pero no es así. Pero hay algo que sí te puedo decir: Ahora peco menos que antes, y el pecado ya no es mi Señor. Un día descubrí en las Escrituras que no tengo que estar viviendo como víctima. Hubo un día que decidí vivir diferente, y tú también lo puedes hacer. ¿Cuál es el secreto? Convertirte en lo que ya eres.

Muchos vivimos sólo en una dimensión. Yo le digo la dimensión de la *condición*; o sea, nos basamos en «cómo» somos. Nos enfocamos en cómo nos comportamos, pensamos o actuamos y decimos cosas como: «Uy, es que así soy»; «Es que no puedo dejar de pecar»;

«No importa cuánto llore cuando ore, ¡sigo igual!» Pero vivir en la dimensión de la *posición* es saber quién soy en Jesús. Cuáles son mis privilegios y mi lugar en Jesús. Si fallas debes decir: «Señor, ayúdame a aprender de esto. Esa manera de actuar no es mi verdadero yo. Yo soy hijo tuyo. Soy libre del pecado. No me voy a someter a él».

Mira lo que dice Pablo:

> Antes nosotros nos comportábamos así, y vivíamos obedeciendo a los malos deseos de nuestro cuerpo y nuestra mente. ¡Con justa razón merecíamos ser castigados por Dios, como todos los demás! Pero Dios es muy compasivo y su amor por nosotros es inmenso. Por eso, aunque estábamos muertos por culpa de nuestros pecados, él nos dio vida cuando resucitó a Cristo. Nos hemos salvado gracias al amor de Dios, aunque no lo merecíamos. Dios al resucitar a Cristo, nos resucitó y nos dio lugar en el cielo, junto a él (Efesios 2.3-6, BLA).

«Pero… a veces peco»

Seguro que conoces algo de la historia de Pablo el apóstol. Antes de tener el encuentro con Jesús, se llamaba Saulo y era un fariseo «de primera» (tan «de primera» que hasta buscaba a los cristianos para matarlos). Pero cuando conoció a Jesús volcó toda su pasión y devoción a llevar las noticias de Cristo a gran parte del mundo conocido en ese entonces (y lo hizo sin televisión, Internet ni iPhone).

Pero qué sorpresa me llevé cuando leí algo que el mismo «impresionante» Pablo escribió. Me sorprendí porque sonaba como si yo lo hubiera escrito:

> La verdad es que no entiendo lo que hago, pues en vez de lo bueno que quiero hacer, hago lo malo que no quiero hacer. Pero, aunque hago lo que no quiero hacer, reconozco que la ley es buena. Así que no soy yo el que hace lo malo, sino el pecado que está dentro de mí (Romanos 7.15-17, BLA).

¿Podría ser? ¿La persona que escribió gran parte del Nuevo Testamento luchaba con hacer lo que no quería? Y continúa:

> En lo más profundo de mi corazón amo la ley de Dios. Pero también me sucede otra cosa: Hay algo dentro de mí que lucha contra lo que creo que es bueno. Trato de obedecer la ley de Dios, pero me siento como en una cárcel, donde lo único que puedo hacer es pecar. Sinceramente, deseo obedecer la

ley de Dios, pero no puedo dejar de pecar porque mi cuerpo es débil para obedecerla. ¡Pobre de mí! ¿Quién me librará de este cuerpo que me hace pecar y me separa de Dios? (vv. 22-25a).

Parece que Pablo está igual de desesperado que nosotros, ¿no es cierto? Pero mira la respuesta que da al final de este mismo capítulo siete:

¡Le doy gracias Dios porque sé que Jesucristo me ha librado! (v. 25b)

Pablo no dice que Jesús lo librará (futuro) o que lo libra (presente), sino que dice que lo ha *librado* (pasado). Mediante su sacrificio en la cruz, Jesucristo pagó el precio de tu salvación y puedes vivir en victoria *todos los días* por lo que Él hizo. ¡Esa es tu posición! Es algo que debes decidir hacer. Repito: Debes convertirte en lo que ya eres. Pablo mismo escribió esto que descubrió:

Con Cristo estoy juntamente crucificado, y ya no vivo yo, mas vive Cristo en mí; y lo que ahora vivo en la carne, lo vivo en la fe del Hijo de Dios, el cual me amó y se entregó a sí mismo por mí (Gálatas 2.20, RV60).

Los dos perros que luchan

Hay una ilustración que va así: Había un chico que tenía dos perros. Uno era un «rottweiler» y el otro un «pitbull». Al preguntarle al chico cuál era el más fuerte, el contestó: «Al que le dé más comida».

¿A poco a veces no sientes que tienes dos perros luchando dentro de ti? Cuanto más alimentes tu «carne» (o sea, pasiones, pensamientos desordenados o debilidades), más ganará tu carne; pero si alimentas más a tu espíritu (buscando a Dios, accionando en tu propósito), entonces tu espíritu se hará más fuerte.

El proceso

¿Recuerdas que te he dicho que Dios nos ama incondicionalmente? Así es y, ¿sabes por qué nos ama así? Porque no ve nuestra condición sino nuestra posición. Si has hecho a Jesucristo el Señor de tu vida, eres una nueva criatura y Dios está trabajando en ti. Te está procesando para ser como Él. Él comenzó ya a trabajar en ti e irá perfeccionando su trabajo hasta que regrese.[1] Estás en un proceso. Tu proceso será diferente al de otros, pero Dios está trabajando en ti.

Cuando escribimos la canción «Desde el amanecer», lo hicimos pensando en eso. El coro dice:

> Desde el amanecer, hasta que el sol se vuelva a poner
> Viviré en libertad, tu amor la victoria me da.[2]

Para vivir en victoria, el primer paso es conocer su amor. Su amor incondicional. El amor que lo llevó al punto de morir por ti y por mí. En el segundo verso de la canción escribimos:

> Ya no correré más de ti
> Puedo sentir que me atrae tu amor
> Has sembrado dentro de mí, esta pasión por santidad
> Y confiando en tus brazos de amor viviré.[3]

Quizá preguntes, ¿en verdad se puede vivir en santidad? La respuesta es sí. Si Dios nos pide que lo hagamos es porque Él nos puede dar las fuerzas para hacerlo. Nota que no es «vida de santurrón» ni «caminar en las nubes». Tu vida de santidad comenzará al tomar decisiones como buscarlo, conocer su voluntad, zambullirte en su Palabra y buscarlo en oración. Las buenas obras no son lo que nos hace santos. Somos hechos santos por medio de la fe en Cristo. Poco a poco, mientras más crecemos y vivimos en Él, nos pareceremos más y más a Él (2 Corintios 3.18).

No eres producto de tu pasado

Es cierto que el pasado afecta mucho nuestro presente. En el capítulo 1 decíamos que lo que nos ha sucedido o nos han dicho en el pasado afecta a nuestra autoestima y así puede afectar la manera que decidimos y pensamos. Pero imagina esto conmigo: A Dios no le importa tu pasado. Él ve claramente lo que tú eres más allá de tus reacciones. ¿Sabes por qué? Repito: Porque no ve tu condición, sino tu posición en Él.

Cambia tus palabras

Hay gente que lucha con su autoestima «física», pero hay muchos otros que luchan también con su «autoestima espiritual». Y una manera comprobada de cambiar eso es que comiences a cambiar tus palabras.

El poder de la lengua es impresionante. Por eso es importante que comiences a cambiar tu vocabulario. En la *Biblia del Diario Vivir* encontré un pequeño resumen de lo que es nuestra verdadera identidad en Cristo. Te sugiero que vayas a cada cita, lo escribas en un papel y te los aprendas de memoria.

Romanos 3.24	Somos justificados (o sea, «no culpables» de pecado)
Romanos 8.1	Nada te puede condenar
Romanos 8.2	Somos libres del pecado y de la muerte
1 Corintios 1.2	Somos santificados y hechos aceptos por Jesucristo
2 Corintios 5.17	Somos nuevas criaturas
2 Corintios 5.21	Somos hechos justicia
Efesios 1.3	Somos bendecidos con toda bendición espiritual en Cristo
Efesios 1.4	Somos santos, sin manchas y cubiertos con el amor de Dios
Efesios 1.7	Nuestros pecados son borrados y somos perdonados
Efesios 3.6	Somos copartícipes de las promesas de Cristo
Efesios 3.12	Tenemos acceso a la presencia de Dios y podemos acercarnos a Él con seguridad

¿No te da alegría saber eso? ¡Somos más millonarios que la chica de la telenovela! Cada día es una oportunidad para crecer, para amar a Dios, para conocerlo, para aprender. No *planees* pecar, pero si lo haces, si hoy tropiezas, levántate, sacúdete y dale gracias a Dios que eres nueva criatura, que tus pecados son borrados y que nada te condena. VIVE LO QUE ERES.

Cambia tu lenguaje, cambia tus palabras. Deja de verte como una víctima de las circunstancias. Recuerda QUIÉN ERES EN JESÚS, y entonces prepárate a tener una vida diferente, porque Dios te comenzará a llevar a lugares que ni imaginas.

TIPS

- **Crucifícate todos los días.** Aprende de memoria Gálatas 2.20 (que vimos antes en este capítulo). Decirle a Dios que tus pasiones no van a mandar y que tus emociones no te van a controlar es una buena manera de conectar tu mente con Sus propósitos.

- **Dale de comer al perro que quieras que se haga más fuerte.** Aliméntate con «comida» que haga más fuerte a tu espíritu y tu mente que a tu carne.

- **Deja que el Espíritu te guíe (Juan 16.13).** Él quiere lo mejor para ti. Toma tiempo para escucharlo.

- **Créele a Dios.** Cuando la Biblia dice que «no hay condenación para el que está en Cristo Jesús, los que no andan conforme a la carne, sino conforme al Espíritu» (Romanos 8.1) quiere decir que *nada* puede culparte. Tú estás en Jesús y Jesús está en ti. Sigue caminando, y no te salgas del proceso en el que Dios te tiene. Él te está haciendo como Él.

Segunda Parte

Uso lo que tengo

CAPÍTULO 4

COMIENZA EN DONDE ESTÁS, COMIENZA CON LO QUE TENGAS

Todos los comienzos son pequeños. Son sencillos. Nada impresionantes. Casi nadie los nota o los festeja. Creo que todos hemos escuchado o hecho algún comentario de alguna persona que «empezó con casi nada y ahora tiene mucho». En México, por ejemplo, escuchamos del taquero que empezó con un «puestecito» de tacos en la esquina y ahora tiene un restaurante y se va de vacaciones a Europa.

Nos gustan esas historias, pero a veces olvidamos que tienen un precio.

Nadie gana una medalla olímpica con unas cuantas semanas de entrenamiento. Nadie se convierte en un empresario multimillonario solo por ir a un curso de entrenamiento. Hay más.

Ures y mi batería

Nací en una casa normal. Mi papá fue maestro de escuela pública y mi mamá creció en un ejido[1] del sur de Sonora y estudió hasta tercer año de primaria, pues tenía que trabajar para ayudar a la economía de su familia.

Soy el menor de siete hijos, y a mí me tocaba dormir «en donde me cayera el sueño». En casa teníamos el cuarto de mis papás, el de los hombres y el de las mujeres, y allí teníamos que encontrar la manera de caber todos. A eso hay que agregar que siempre teníamos algún invitado. Siempre había un tío, primo, misionero, colega de mi papá o conocido del amigo del sobrino del cuñado de la hermana de la vecina de algún familiar. Casi siempre había casa llena.

Cuando yo tenía unos seis años de edad, mis papás empezaron a ayudar en una pequeña iglesia como pastores interinos en un pueblo llamado Ures, a ochenta kilómetros de mi ciudad, y por ser el menor de la casa, tenía que ir con ellos. No sabía yo lo importante que sería Ures para mi desarrollo musical, entre otras cosas.

Al poco tiempo de estar viajando cada jueves y cada domingo a Ures, se me ocurrió llevar mi «superbatería» de más de ocho tambores en cada viaje. (Era una batería que armaba con cajas de cartón, pues todos los días, cuando regresaba de la escuela yo siempre pasaba por el basurero de un supermercado y allí recogía las cajas con más «potencial» de convertirse en un *tambor* más de mi colección.) Tenía un solo platillo, chueco y oxidado, pero a fin de cuentas era un «címbalo resonante». Con esa batería practicaba en mi casa y tocaba en los «cultos» en Ures.

Cuando el «hermano Jorge» o el «hermano Toño» no llegaban al culto, nos quedábamos sin guitarrista, así que empecé a aprender la guitarra a los ocho años. Mi destreza para aprender tonos nuevos se agudizó al acompañar a las hermanas que pasaban a entonar un canto especial (por supuesto que sin previo ensayo). A veces tenía que pasearme por varias tonalidades, pues cantaban el verso de «Te vengo a decir» en un tono, pero al llegar el coro les entraba la unción (o la adrenalina, no sé) y se disparaban a otra tonalidad.

Yo no sabía, pero me estaba preparando para algo que haría años después: hacer música y acompañar a varias personas para cantarle a Jesús.

Así como yo me estaba preparando «sin saber» para lo que vendría, Dios te está entrenando en el lugar que te ha puesto.

DIOS TE ESTÁ ENTRENANDO EN EL LUGAR QUE TE HA PUESTO

No me imagino si en esos tiempos hubiera decidido no hacerlo, pues creo que no estaría haciendo lo que estoy haciendo ahora. Qué bueno que no dije: «No sé tocar guitarra» y qué bueno que no le dije a mi papá que yo solo tocaba en «públicos medianos y grandes», y que los perros y las gallinas no contaban como público (como a veces teníamos en Ures).

Hay un precio que pagar

Me ha tocado escuchar a personas que cuando veían nombres como Marcos Witt, Alberto Mottesi, Luis

Palau, Jesús Adrián Romero, Delirious o Dante Gebel decían: «Estoy seguro que para ellos fue todo muy fácil. De seguro vienen de familias de mucho dinero; no creo que ellos tengan problemas; les sirvieron todo en charola de plata; creo que ellos están más cerquita de Dios y por eso tienen ministerios tan reconocidos; no creo que tuvieron que empezar desde abajo».

Pensamos en las cosas sobresalientes que hacen, pero casi nunca calculamos el precio que han tenido que pagar para estar haciendo lo que hacen.

Muchas veces sólo nos concentramos en el «paquete terminado»: Evangelistas trayendo miles de personas a los pies de Jesús. Músicos usando su arte para acercar a las personas al trono de Dios. Empresarios que cada negocio que emprenden les va bien.

Miramos lo que dice un artículo en una revista o un video con una producción escénica muy bárbara y quedamos impresionados, pero no imaginamos todo lo que se han esforzado esas personas ni los años de servicio, trabajo y preparación que han invertido.

La gente que Dios llama

Mira lo que encontré en las Escrituras cuando buscaba saber cuál es la gente que Dios llama:

Mientras caminaba junto al mar de Galilea, Jesús vio a dos hermanos; uno era Simón llamado Pedro, y el otro Andrés. Estaban echando la red al lago, pues eran pescadores. «Vengan, síganme —les dijo Jesús—, y los haré pescadores de hombres.» Al instante dejaron las redes y lo siguieron (Mateo 4.18-20, NVI).

¿Qué estaban haciendo? Echando las redes. Trabajando.

Más adelante vio a otros dos hermanos: Jacobo y Juan, hijos de Zebedeo, que estaban con su padre en una barca remendando las redes. Jesús los llamó, y dejaron en seguida la barca y a su padre, y lo siguieron (Mateo 4.21-22, NVI).

¿Qué estaban haciendo? Remendando las redes. Estaban ocupados, estaban haciendo algo.

Algo que vemos es que Dios va a llamar a personas que:

1) *Usan lo que tienen*. No se enfocan en lo que no tienen o cuanto les falta.

2) *Sacan provecho de lo que tienen*. No porque se les rompieron las redes dijeron: «Ay, pues ni modo, cuando Dios me de otra red sigo trabajando».

Mateo estaba cobrando impuestos. Moisés cuidaba ovejas. David estaba llevando comida a sus hermanos. Gedeón estaba escondiendo la comida (para que no se la robaran). Saulo (que después fue Pablo) estaba persiguiendo a los cristianos. Estos reconocidos personajes comenzaron con poco, pero comenzaron haciendo *algo*

Moraleja: «Dios no usa a flojos».[2] A los flojos no les va bien en la vida. Proverbios nos da unos ejemplos:

- El perezoso quiere de todo, lo que no quiere es trabajar (21.25, BLA).
- El haragán siempre pone pretextos para no ir al trabajo; dice que un león en la calle se lo quiere comer (22.13, BLA).
- Si fueres flojo en el día de trabajo, tu fuerza será reducida (24.10, RV60)

⊚ Si te duermes un poco y te tomas la siesta, y si tomas un descansito y te cruzas de brazos... acabarás en la más terrible pobreza (24.30-34, BLA).

DIOS NO USA A FLOJOS

Dios va a llamar a gente que esté haciendo algo. Gente que no están esperando a que las cosas «se den». Gente que usan lo que tienen aunque parezca poco.

¿Dispuestos a comenzar?

Hay personas que dicen: «Sí, Señor. Quiero ir a las naciones. Quiero que me saques de esta ciudad para ir por todo el mundo y predicar el evangelio a toda criatura». Lo raro de este cuadro es que esas personas, mientras hacen esas oraciones, están acostados en la sala de la casa, con la televisión prendida con una mano en el control remoto y otra en la panza. ¡Rascándose!

Estoy exagerando un poco para decir que a veces nos «morimos» por ir a otros lugares del mundo para llevar el amor de Jesús, pero no movemos un dedo para hacer algo para Dios en nuestra casa o en nuestra iglesia. Somos muy buenos para orar: «Padre, que un ministerio reconocido me descubra, que me saque de esta miseria Señor, para glorificar tu nombre con mi talento... Y claro, te prometo que te daré toda la gloria cada día de mi vida».

Queremos ir a las naciones, pero no queremos ir a ayudar en lo que falta en nuestra iglesia. En reuniones especiales levantamos nuestras manos diciéndole a Dios que las use para ir a las naciones, pero no las levantamos cuando faltan voluntarios en la guardería de niños.

Sé fiel con poco

He aprendido que Dios te irá soltando más a medida que tú le obedezcas. Por ejemplo, quizá en este momento estés en un lugar que llamaremos el «punto A» (con todas las situaciones familiares, económicas y emocionales de hoy en día) y en algún congreso, con algún libro, una predicación o a través de una persona hayas sentido que Dios te habló específicamente de algo que harás o comenzarás. Vamos a llamar ese «mejor lugar» el «punto F» (un lugar mejor al que estás hoy en día, en donde tu llamado será más claro y tus asuntos familiares, económicos y emocionales estarán más saludables).

Entonces oras fervientemente para llegar al punto F y de repente en la iglesia hay una necesidad y te preguntan si puedes ayudar, o quizá viene a tu mente por un segundo el servir en eso, pero entonces te respondes y dices: «No, ¡espera! Dios me dijo que me usaría en el punto F y ¡esto no es eso! Eso sería muy "chiquito". Eso sería como ir al punto B. Seguro que no es de Dios. No. No puedo servir en eso. Eso no es lo mío. Es el llamado de otro».

Y dices: «Señor, voy a esperar tu voluntad».

Entonces no haces nada y sigues orando cosas correctas como: «Dios, ábreme puertas para poder servirte», «Úsame», etcétera. Mandas currículos a diestra y siniestra, o si eres músico mandas «demos» en discos compactos a compañías disqueras esperando que «Dios obre».

Lo que no te has dado cuenta es que Dios SÍ QUIERE obrar, el que no quiere ¡eres tú! Dios quiere llevarte al punto F, pero debes pasar primero por el B, el C, el D y el E antes de ponerte en el F. Hay un orden en el que debes ir.

Él quiere ver si servirías con la misma pasión y entrega en el punto B que si estuvieras en el punto F.

Pero si no obedeces empezando «con poquito» no habrá manera de que Él te dé más. No es que Dios sea malo, es que necesita que pases por ese proceso. Él va a ver tu fidelidad, tus motivaciones. Probablemente al estar trabajando en el punto B, donde nadie te estará aplaudiendo y reconociendo, Dios quiere ayudarte a que no andes prefiriendo la aprobación de la gente, sino la de Él; probablemente va a trabajar en tu carácter y te va a enseñar a ver su mano milagrosa de provisión, pero si no empiezas con eso «sencillo», en donde nadie te ve, lo que nadie «admira», va a ser muy difícil que llegues al punto F.

Si eres fiel en lo poco, Dios te va a poner sobre más (mira Mateo 25.21). Otra manera de verlo es que, si *no* eres fiel con poco, Dios *JAMÁS* te va a dar más. Sé fiel en donde estás y con lo que tienes.

Lo más emocionante es que Dios quiere llevarte más allá del punto F, pero no te lo hace saber todavía para que no te asustes; solo tienes que ser obediente.

¿Cómo comienzo?

Me han hecho esta pregunta varias veces. Haz lo siguiente:

1) *Comienza comenzando.* No, no fue error de tipografía. Es así. ¿Quieres escribir canciones? Entonces comienza a escribir canciones. ¿Quieres aprender de finanzas y administración? Comienza a administrarte.

2) *Nómbrate ayudante o asistente de alguien.* Diseñador, maestro o empresario; busca a alguien y ayúdale. Mientras ayudes aprenderás muchísimo.

3) *Pregunta.* Vale más ser un «tonto» unos minutos que toda la vida. Cuando preguntes, te sorprenderás que a la mayoría de las personas les gusta compartir lo que saben.

Tener éxito es…

Ser exitoso no depende de cuánto dinero puedas tener en el banco, o cuánta gente te conozca. No depende de cuántos empleados tienes en tu empresa o cuántas personas te sigan. Tener éxito es hacer la voluntad de Dios. Pero no quiero dejártelo muy místico, así que te explico: Hacer la voluntad de Dios es saber para qué te puso Él en la tierra y hacerlo. Así nomás.

TENER ÉXITO ES HACER LA VOLUNTAD DE DIOS

Por eso es vital que comiences a hacer algo ya con lo que tienes. Algunos cometen el error de no hacer nada usando excusas como:

- «Estoy esperando el momento correcto».
- «No tengo suficiente dinero».
- «Los que me quieren emplear no me merecen».
- «Cuando termine la escuela o el seminario empezaré».
- «Cuando deje de pecar».
- «Cuando me case».

- «Cuando mi papá me deje de decir "tonto"».
- «Cuando alguien me apoye».

¡Esa no es la actitud de un exitoso! *No depende de otros sino de ti.* No esperes a que algo en el exterior cambie. Dios quiere mostrarte su voluntad, y una excelente manera de encontrarla es comenzando a hacer algo con lo que te ha dado.

Aunque creas que es muy sencillo lo que sabes hacer, ¡comienza a usarlo ya! Si sabes enseñar, enseña aunque no seas todo un «ilustre educador»; si sabes cantar, canta aunque no seas un artista que hace grabaciones o conciertos. Si enseñas te convertirás en mejor maestro; si cantas una y otra vez te convertirás en mejor cantante. Usa lo que tienes. Comienza en donde estás. Comienza con lo que tengas.

TIPS

- **Comienza hoy.** Ofrece servir en donde veas que hay necesidad, aun si no es muy «llamativo». Si eres músico toca en las reuniones de oración (donde casi nadie va…). Jesús vino «…para servir y para dar…» (Mateo 20.28).

- **No te desesperes.** Jesús sabía su propósito desde que tenía doce años (cuando se perdió y lo encontraron en el templo), pero no por eso se fue a buscar doce discípulos inmediatamente, sino que se fue a su casa y le sirvió a José mientras llegaba el tiempo correcto.

- **Todo lo que hagas hazlo como para Dios, no como para los hombres.** Él es tu público principal.

- **Trabaja y desarrolla tu potencial**. No tomes un trabajo solo por el dinero que puedas ganar; hazlo más bien por cuánto puedes aprender.

- **Sirve.** Citando a Lucas Leys en el libro *Generación de adoradores*: «El servicio lima los callos del egoísmo, abre las puertas al cambio y también nos da la posibilidad de experimentar a Dios actuando en nuestras vidas de una manera activa». ¡Es cierto! ¡Sirvamos!

CAPÍTULO 5

NO TE COMPARES

Cuando yo tenía más o menos doce años, comencé a crecer de estatura. Pero al poco tiempo sucedió algo que no me esperaba: al mismo tiempo que crecía yo, comenzó a crecer ¡mi nariz! Crecía yo y crecía mi nariz. Todo iba bien, pero más o menos a mis catorce años sucedió algo muy triste: Yo dejé de crecer, ¡pero mi nariz no!

Cada mañana que me miraba en el espejo me preguntaba: «¿De dónde está saliendo tanto hueso?»

Comencé a verme como menos importante que otros. Miraba las virtudes de algunas personas y las comparaba con mis defectos y, por supuesto, siempre salía como el perdedor. ¡Solo porque tenía una nariz más grande de lo normal! (Al menos a mi gusto.) Y comencé a acomplejarme.

Miraba las virtudes de otros y las comparaba con mis defectos… y comencé a acomplejarme

El diablo se aprovechó de eso y venían cosas a mi mente. «¿Cómo crees que Dios te va a usar? Te falta mucho. No eres tan talentoso como "fulano de tal". Mira, ni siquiera puedes hablar con la gente, menos en público. Confórmate con lo que estás haciendo; no das para más». ¿Y sabes qué? Yo tomé eso como mío. Razonaba y daba vueltas a esos pensamientos.

Por supuesto que escuchaba algunas enseñanzas que me ayudaban a ver otra perspectiva o al ir a algún congreso me animaba por un tiempo, pero después de unas semanas regresaba al mismo sitio de dudas y complejos. Ahora sé que tenía que poner mi vista en otro sitio, no solo en mí. Tenía que ponerla en Dios.

Pon tus ojos en Dios

En una ocasión que terminamos un concierto, se me acercó un chico y me dijo: «La semana pasada fui a un concierto de Jesús Adrián Romero y, cuando salí, lo primero que quise hacer fue irme al mundo». Inmediatamente le pregunté por qué decía eso y me contestó: «Es que nunca voy a poder tocar como Mike Rodríguez» (Mike es un talentoso tecladista y productor que trabaja con Jesús Adrián en giras y grabaciones). Me decía: «No creo que Dios me dé un ministerio como el de Jesús Adrián o Mike. No creo que algún día sea como ellos, así que, para qué sigo intentando?»

Lo interrumpí y le contesté: «¡Has dicho muy bien! Dios no quiere que seas como ellos. Si Dios hubiera querido hacer dos "Jesús Adrianes Romeros" o dos "Mike Rodriguezes" lo hubiera hecho. Eso no sería complicado para Dios».

Pero no quiso hacer eso. Te hizo *a ti*, único y diferente a cualquier otra persona. Él puso talentos y habilidades específicas en ti que te hacen único. Aun lo que crees que son problemas difíciles de resolver o cosas difíciles que has vivido en casa, aun eso Dios lo va a usar a tu favor.

Encárgate de mirar a Jesús y de ser como Jesús, y Él se encargará de lo demás

No vivas comparándote con otros. Al fijar tu vista en los hombres vas a dejar de ver a Dios, por eso no tengas tu mirada en otros. Solo encárgate de ser como Jesús y Él se va a encargar de lo demás.

A Dios le importa tu corazón

A Dios no le importa si tu nombre es demasiado estándar o «normal» para poder usarte. No le interesa si te apellidas Fernández, Rodríguez, Espinosa o López; a Él le importa tu corazón.

Proverbios 4.23 dice: «Sobre toda cosa guarda tu corazón porque de él mana la vida». Entonces, ¿qué es esto de que a Dios le importa el corazón? ¿Qué es el «corazón»? Acá va algo que nos da más luz: «...El carácter, la personalidad, la voluntad y la mente son términos modernos que reflejan algo del significado del término "corazón"; en su uso bíblico, al hablar del corazón no se está haciendo referencia al órgano físico que bombea sangre a través del cuerpo, sino que así como el corazón físico es el centro de la existencia natural, también el corazón espiritual es el centro de la existencia espiritual...»[1] Dios quiere estar en el centro de tu vida, de tu mente. Pues si le das tu vida, tu corazón, Él puede hacer lo que sea.

No hay garantías ni «desgracias seguras»

Así como crecer en una casa de ricos no garantiza que tendrás una vida exitosa; haber crecido con deficiencias (de dinero, físicas, de papá o algo más), no quiere decir que todo lo que hagas será una desgracia segura. Habrá quizá más desafíos, pero hay muchos casos de personas que los han logrado vencer. Más bien, hasta el día de hoy no he conocido a una persona que haya crecido con las circunstancias perfectas.

Sé humilde

La humildad no es ser «pobre» (he visto a pobres que son orgullosos), y tampoco es humildad «patear tu autoestima» menospreciándote a ti mismo. Me gusta la definición de humildad que le escuché a Marcos Witt: «Reconocer lo que sabes y no sabes hacer».

SER HUMILDE ES RECONOCER
LO QUE SABES Y NO SABES HACER

Por ejemplo, yo te puedo decir con toda confianza que hago grabaciones musicales y que en ninguna de las grabaciones de artistas nuevos o reconocidos que he producido (o sea, que haya estado a cargo), se ha perdido dinero; o sea, todas han tenido números de ventas que van de «bien» a «excelente». Pero si te digo que soy un excelente vendedor y que, además, te puedo hacer un plan de mercadeo para el país de España, sería un mentiroso y estaría muy lejos de ser humilde.

Hay gente más hábil que yo en muchas cosas, y eso no me molesta. Al contrario, trato de estar cerca y aprender de ellos. Ser humilde es reconocer que puedes hacer algunas cosas bien, así como habrá otras que no, por eso compararte con otros no tiene sentido. Descubre lo que sabes hacer, pero también celebra lo que otros hacen.

Toma tu voluntad como un arma

Yo soy una persona tímida e introvertida. Creo que ser el menor de siete hijos y no tener mucha voz ni voto en las pláticas o discusiones familiares en casa, me hizo más callado de lo que ya era. Además, mi nariz crecía, luchaba con el acné (todavía tengo las «marcas» de esas batallas), luchaba con tentaciones y pecados escondidos, mis piernas se hacían más y más flacas por cada centímetro que crecía (no soy «alto» de estatura, pero qué bueno que no crecí más porque creo que mis piernas hubieran desaparecido). Pero hubo un día, un muy buen día, que entendí que Dios me amaba como yo era, que me quería usar, que quería mostrarme Su voluntad y que me veía como un campeón, así que comencé a creerle. Sinceramente, no fue que me *sentí* campeón inmediatamente, pero sí *decidí* creer que podía, que Dios me usaría.

COMPARARTE CON ALGUIEN MÁS ES UNA PÉRDIDA DE TIEMPO

Comencé a usar mi voluntad como un arma (es decir, al principio me obligué a creer que podía) y a tratar de practicar lo que ya vimos en los primeros tres capítulos. Decidí hacerlo. Todavía veía que había gente más talentosa, menos narizona, más extrovertida y más comunicativa que yo, pero ya no luchaba con compararme con ellos. Entendí que Dios nos tiene en diferentes procesos a todos y que cada quien va a desarrollarse de diferentes maneras, así que descubrí que compararme con alguien más era una pérdida de tiempo.

¿Eres candidato a ser usado por Dios?

¿Hay alguien que te haya despreciado? ¿Hay personas que creen que tú no tienes «estrella» o que no tienes suficientes talentos? Si es así, ¡Qué bueno! Si alguien te ha dicho cosas similares a esas, entonces te han convertido en un candidato a ser usado por Dios. Mira lo que escribió Pablo:

> ...No muchos de ustedes son sabios, según criterios meramente humanos; ni son muchos los poderosos ni muchos los de noble cuna. Pero Dios escogió lo insensato del mundo para avergonzar a los sabios, y escogió lo débil del mundo para avergonzar a los poderosos. También escogió Dios lo más bajo y despreciado, y lo que no es nada, para anular lo que es, a fin de que en su presencia nadie pueda jactarse (1 Corintios 1.26-29, NVI).

¿Viste eso? ¡Dios quiere usarte! Él quiere usar a los humildes. Prefiere usar a personas que *sabe* que sin Dios no pueden, en lugar de usar a orgullosos que se creen sabelotodos.

TIPS

- **Recuerda quién eres en Dios.** Aprende los versículos que vimos en el capítulo tres (donde vimos que eres nueva criatura, la justicia de Dios, etc.). Comienza a pensar diferente y actuarás diferente.

- **Llena tu cabeza de cosas positivas.** La música tiene mucho que ver en la manera en que piensas. Revisa lo que estás escuchando y decide lo que debes hacer. No escuches música que sólo te hace pensar en lo mal que están las cosas.

- **No te amargues.** Si vives amargado, todo lo que hagas estará amargo y sin sabor. Disfruta saber que Dios te ha hecho único y que Él quiere usarte.

- **Enfócate en lo positivo de tu vida.** Aunque te falten cosas, si sacas cuentas notarás que es mucho más lo que tienes que lo que te falta.

- **Aprende a reírte de ti mismo.** No te la pases quejándote de tus carencias. Ríete de la forma de tu cabeza, del tamaño de tus orejas y hasta del hecho de que no seas bueno para algún (o varios) deporte(s).

- **Vive agradecido.** Dale gracias a Dios por lo que está haciendo en ti. Él no toma descansos; siempre está trabajando, así que dale gracias.

Capítulo 6

ENCUENTRA TUS TALENTOS Y ÚSALOS

Se me hace muy interesante que en Mateo 25, en medio de las señales del fin del mundo, Jesús hable de la ineptitud de las cinco vírgenes (versículos 1-13) y el mal uso de los talentos (versículos 14-28). Allí Jesús cuenta la historia de un hombre de negocios que al salir de viaje encargó su «dinero» (talentos) a tres siervos. A uno le dio cinco talentos, a otro dos y a otro uno.

El que tenía cinco talentos los trabajó, y los cinco se convirtieron en diez. El que tenía dos negoció con ellos y los convirtió en cuatro. Pero el que tenía uno tuvo miedo, así que mejor lo guardó y no hizo nada.

Cuando el empresario volvió y vio lo que habían hecho los primeros dos le dijo a cada uno:

...¡Excelente! Eres un empleado bueno y se puede confiar en ti. Ya que cuidaste bien lo poco que te di, ahora voy a encargarte cosas más importantes. Vamos a celebrarlo (v. 23, BLA).

Pero cuando supo lo que hizo el tercer siervo le dijo: «Eres un empleado malo y perezoso... por lo menos lo hubieras puesto en el banco para haber recibido lo que te di con más intereses» (v. 26, paráfrasis mía).

De esta historia se pueden sacar varias lecciones, pero la más clara que viene a mi mente es que *todos tenemos por lo menos un talento.*

«Bueno para algo»

Si alguna vez te dijeron: «Bueno para nada», relájate. No lo tomes tan a pecho. Lo que querían realmente decir es que «No eres bueno para todo», y eso sí es muy cierto. Dante Gebel no sabe hacer enchiladas como las hacía mi mamá; Michael Jordan no sabe hacer discos de reggaetón; Alberto Mottesi no sabe pilotear aviones; Bill Gates no sabe componer canciones exitosas. El salmo 139 nos deja claro que Dios pone ciertas características en nosotros que nos hacen únicos, y hay ciertos talentos que tú tienes que nadie más tendrá en el mismo grado, e igualmente habrá cosas que no sabrás hacer porque todos tenemos diferentes capacidades y talentos.

Desarrolla eso en lo que tienes facilidad

Comencé la empresa ReyVol Records en el año 2003. Lo hice para apoyar a las voces de la nueva generación; músicos, artistas que quieren comunicar el amor de Jesús de manera relevante a esta generación. Aunque soy el presidente de la compañía, no soy el administrador ni el director ejecutivo. Hay personas *mucho* más capaces que yo en esos puestos. No administro porque no tengo la facilidad ni la atención a los detalles que se requieren para hacerlo. Hace años descubrí que no tenía un talento innato para los números, así que volqué mis fuerzas a eso en alguien que tenía facilidad. Y como mi pasión y mis facilidades estaban en la música y sus derivados, no estudié administración, contaduría o informática como carrera (aunque hoy en día estudio en libros todos esos temas, casi todos los días). Te contaré esta historia verídica.

Luis es una persona de mi edad. A veces, cuando éramos adolescentes, Luis y yo hablábamos de nuestros sueños. Los dos soñábamos despiertos con dedicarnos a hacer música y algún día trabajar en un estudio de grabación. Él deseaba con todo el corazón ser músico, y sus capacidades demostraban que era muy bueno. Pero al tener la presión de la familia de tener una carrera «en donde caer» para cuando la música *fallara*, entonces decidió estudiar administración de empresas. Un año después cambió a la carrera de informática porque «la administración no era su fuerte»; dos años después dejó la informática para dedicarse a la música, y hasta el día de hoy es un músico profesional.

En resumen: Tres años *después* Luis se decidió a lanzarse a su pasión. Estoy seguro de que no fue tiempo perdido del todo porque *algo* debe haber aprendido de esos otros temas, pero el hecho de no irse por su pasión o con una dirección y razón específica, hizo que perdiera tiempo.[1] Hazte la pregunta: «¿En qué soy más productivo?» Como te dije antes, todos tenemos por lo menos un talento, una capacidad. Hay cosas que se te dan más fácilmente. Quizá tengas alguna facilidad para organizar, enseñar, planear, ejecutar o crear. Si es así, úsala. Como te dije antes: comienza en donde estás, y comienza con lo que tengas e irás descubriendo más cosas.

No tengas miedo a equivocarte

Que sorprendente es ver que gente por «miedo a fallar» o «falta de experiencia» o por tener «una personalidad tranquila» no se atrevan a sacar lo que Dios les ha dado.

A mí me encanta escribir canciones. Hay varios artistas y ministros de música que han grabado alguna de mis canciones, y para mí eso es un sueño hecho realidad. Pero muchos no saben que la mayoría de las canciones que hago no sirven para ser grabadas ni para cantarse en público. Probablemente de cada diez canciones que compongo, solo dos o tres son «usables». Pero eso no me detiene. Quizá me vengan malas rachas de quince intentos sin lograr nada, pero yo sigo intentando, porque en esos quince intentos descubrí quince maneras de cómo *no* escribir una canción, y eso me hace más experto.

Aprende de los errores

El fracaso solo será fracaso si no aprendes nada de él. Si aprendiste algo de algún error, entonces no lo llames fracaso sino *lección*. En cuestión de errores, puedes aprender de dos diferentes fuentes:

1) *Tus errores.* Todos cometemos errores, pero la idea debe ser no cometerlos dos veces. Un ejemplo: Hace unos años, al tener unas cuantas semanas de casados, Linda y yo hacíamos el trayecto de 1.100 millas de Houston, Texas, a Tucson, Arizona, en auto. En esas épocas podía estar en el estudio de grabación hasta la madrugada sin sentir cansancio, y pensé que podía hacer lo mismo al conducir. Error mío. Más o menos a las 3:30 a.m., después de haber «cabeceado» ya unas cuatro veces y tener seis horas manejando y luchando con el sueño, miré un letrero que decía: «Área de descanso a una milla» y dije: «Allí me voy a parar». Pero no fue así. Unos cuantos segundos después me *despertó* el grito de Linda. ¡Estaba conduciendo *fuera* de la carretera y no me había dado cuenta! Pisé el freno y bruscamente intenté meter el auto a la carretera. Al hacer eso perdí el control, golpeé la valla de contención (creo que eso fue, hasta el día de hoy no sé si fue otra cosa) con la parte de atrás, y el auto, ya en la carretera, se movía de un lado a otro. Toda mi vida pasaba por mi mente mientras maniobraba tratando de detener el auto, y una de las imagines que vi

fue a mi hermano, Luis Enrique, que una vez me dijo que no se debe frenar en esas situaciones porque si no, el auto se puede volcar. Así que solté el freno y logré (con la ayuda de los ángeles) controlar el auto. Ahora, cada vez que pasamos por ese lugar, le damos muchas gracias a Dios, pues a escasos cincuenta metros de donde nos salimos de la carretera aquella vez, hay un precipicio de unos veinte metros de profundidad sin valla de contención. ¿Aprendí de mi error? ¡Claro! Ahora, en cuanto siento un poco de cansancio, me detengo y continúo al siguiente día.

2) *Los errores de otros.* Hay una gran ventaja al aprender de los errores de otros: te ahorras tiempo, dinero y dolores de cabeza. Aunque te sorprenda, hay mucha gente que le gusta platicar cómo hicieron para salir adelante en sus negocios, vida familiar o personal. De los errores de otros puedes aprender qué hacer y también qué *no* hacer. ¿Cómo?

—Observando

—Preguntando

—Leyendo buenos libros

Acércate a algún empresario de tu ciudad y pídele una cita con él para aprender. Pregunta a alguien de confianza acerca de temas variados y verás que vas a aprender mucho. Tu búsqueda de talentos y el resto de áreas de tu vida se enriquecerán al comenzar a practicar eso.

Tu potencial

Cuando Dios te estaba formando en el vientre de tu mamá y tenía frente a Él el molde de tu vida, le ponía el color a tus ojos y a tu piel; el cabello rizado o lacio; el tipo de fisonomía (llenito o flaquito) que tendrías, y también tu personalidad que se iba definiendo. Pero sobre todo Dios puso semillas dentro de ti. Semillas de potencial. O sea, ideas, sueños, cosas que puedes lograr. Las puso como semillas y esas semillas *deben* germinar. La mejor manera de sacarle provecho a una semilla es sembrándola y alimentándola para que dé mucho fruto. Dios no puso esas semillas sólo para que *creas* que alguien más lo puede hacer. Sin importar en dónde hayas nacido o en qué circunstancias, Dios quiere que explotes ese potencial, porque más que habilidades tuyas, serán habilidades impulsadas por su gracia. Él se emociona cada vez que te despiertas en la mañana porque sabe todo lo que tienes dentro de ti y todo lo que puedes lograr en Él. ¿Verdad que es increíble?

El ejemplo de Juan

Te voy a platicar la historia de un amigo que quiero mucho y que siempre me inspira para aprender algo nuevo. En una ocasión, cuando él era joven, iban pasando él y su amigo por las afueras de una escuela de música. El amigo que lo acompañaba le retó a entrar a estudiar música, apostando que no lo haría. Así que mi amigo se inscribió, comenzó los cursos y ganó la apuesta. Al poco tiempo de estar estudiando se dio cuenta de que la música no sería un pasatiempo, sino que realmente disfrutaba y amaba hacerlo. Para resumir la historia, mi amigo conoció a Jesús al poco tiempo, se preparó y comenzó a hacer canciones que no sólo se cantan en español, sino también en varios lenguajes. Sin temor a equivocarme creo que es uno de los autores de canciones más importante que la iglesia latinoamericana ha tenido. Él compuso desde «Has cambiado mi lamento en baile», «Como el ciervo», y «Será llena la tierra», hasta «Eres todopoderoso», «Cantaré de tu amor», «Sana nuestra tierra» y «En los montes en los valles» (y también con RoJO ha coescrito varias como «Con todo», «Desde el amanecer», «Gracias»). Su nombre es Juan Salinas.

Pero algo que admiro de Juan es que no se conforma con lo que sabe y siempre está aprendiendo algo nuevo. Entrar a estudiar música a los veintiún años como Juan lo hizo, podría llamarse «tarde», pues generalmente es cuando son unos niñitos que se dice: «Mira, tiene talento», pero a Juan no le importó. Hace unos años se metió a estudiar portugués para entender más del idioma. Después de eso, lo vi con unos libros muy técnicos de fotografía, y le pregunté para qué eran. Me dijo que estaba estudiando unos cursos para tomar fotografías profesionales y hoy en día ha tomado fotos para varias carátulas de discos compactos. Juan es un ejemplo constante de no conformarte y seguir descubriendo talentos.

La edad, recursos (o falta de) o cualquier otra cosa no es importante. Dios ha puesto talentos y habilidades dentro de nosotros que debemos comenzar a descubrir.

Intenta

¿Cómo puedes hacer para saber qué talentos tienes y cuáles no tienes? Intentando. Estoy seguro que dentro de ti hay ideas que generarán...

- Empresas
- Libros
- Servicios profesionales
- Invenciones
- Soluciones a problemas sociales
- Canciones
- Lecciones
- Diseños de edificios
- Programas de televisión
- Diseños de modas
- Y mucho más...

Génesis dice que Dios nos hizo a su imagen (1.27). Dios es un Dios creativo y, al poner su imagen y semejanza, Él ha puesto su *creatividad* en los seres humanos. O sea, eres creativo(a).

Imagina conmigo esto: Mueres, llegas al cielo y ves que mientras caminas hacia el gran trono blanco de

Dios, Él se sienta en la orilla del trono y mientras sonríe, con los hombros encogidos, con las manos a medio extender y con las palmas hacia arriba, te pregunta amorosamente:

- «Filomeno, ¿Por qué nunca echaste a andar el plan que puse en ti para ayudar a los niños que se mueren de hambre en África?»
- «¿Qué? ¿Yo?», contestas tú. «Pero... yo no sabía que podía».
- «Sí», te dirá el Señor, «pero nunca lo intentaste».

Hay cosas que están dentro de ti que irás descubriendo según las vayas intentando. Si no las intentas se quedarán como un tesoro escondido... y un tesoro oculto es lo mismo que no tener nada.

No esperes a que alguien te llame «empresario» para comenzar tus primeras negociaciones. No esperes a que alguien te diga «cantautor» para escribir tus primeras canciones. Intenta. Descubre.

TIPS

- **Comienza sin importar qué edad tienes.** Si tienes quince o cincuenta y un años, no es temprano ni tarde para comenzar.

- **Ofrécete de voluntario en alguna necesidad en tu iglesia o escuela.** Si no crees que puedes solo, autonómbrate asistente de el encargado, así aprenderás más rápido. Sólo ten cuidado de no comprometerte a ser voluntario en cada departamento porque entonces no podrás cumplir con todos. Comienza con uno.

- **Escribe una canción con un amigo si no la puedes terminar solo.** El hecho de hacer algo con alguien más, aprenderás y quizá avances más que si lo hicieras solo.

- **Intenta algo nuevo.** Por ejemplo, si has tenido deseo de tocar guitarra, toma un curso. Pero muy importante: si en tres meses no avanzas (por ejemplo, tocar una canción sencilla), probablemente ese talento no lo tienes, así que busca otra cosa.

- **Descubre tus puntos fuertes y desarróllalos.** Como te dije antes, no serás «bueno para todo», pero para *algo* sí lo serás. ¡Dale! ¡Tú puedes!

- **Atrévete a decir sí.** Si te invitan a hablar en público, cantar una canción en la iglesia, ayudar en una obra social o enseñar a niños o adultos acepta. Esa oportunidad puede convertirse en un descubrimiento para ti.

CAPÍTULO 7

CAMBIA TU ACTITUD

Desarrollar nuestros talentos es muy importante, pero «ser talentoso» no es suficiente. ¿Por qué digo eso? Porque hay mucha gente talentosa que no está haciendo nada. Hay gente con un potencial gigantesco que no avanza porque no tiene la actitud correcta. *Saben* pero no *hacen*. *Quieren* pero no se *mueven*.

Mi papá me decía muy seguido esta frase que se me quedó muy grabada: «Hace más el que quiere que el que puede». ¡Qué cierto es eso! Tener dinero, oportunidades, recursos o «influencias» no es suficiente. Ser talentoso no te llevará a ningún lado si no *decides* y *actúas* respecto a esas decisiones.

Hace más el que quiere que el que puede

Las cosas fuera de nuestra mano

Sinceramente yo no planeé nacer en la casa que nací. Yo no escogí a mis hermanos. Yo no decidí qué tipo de economía habría en mi casa al crecer. Nunca determiné en qué ciudad nacería. Fui muy bendecido al crecer en el hogar que tuve, y nunca he «deseado» haber tenido otros entornos (quejarme nunca ha sido mi estilo).

En noviembre de 1988 murió mi mamá. En febrero de 1989 fue mi papá quien se fue con el Señor; en un espacio de tres meses y medio me quedé sin papás. Mi plan *nunca* fue «ser huérfano a los trece años de edad». Ni siquiera sabía cómo reaccionar. Pero sucedió.

Yo no sé cuál sea la situación en la que estés o hayas estado. Quizá tu papá se fue de la casa y lo has necesitado. Quizá haya problemas financieros en tu casa que cada final de mes se convierte en tensiones y desafíos emocionales en tu familia. Puede ser que haya personas cercanas que no creen en ti y no dan un centavo por tus sueños. No sé si fallaste en algo una vez y nadie te da otra oportunidad. No sé lo que estés viviendo, pero hay algo que sí sé. Lo que sí sé, y te lo puedo asegurar, es que Dios está en control de todo. A Él nada lo toma por sorpresa y nada se le va de las manos. Dios está al control, pero ¿qué estás haciendo tú? ¿Qué actitud estás tomando ante lo que pasa? ¿Estás dejando que las circunstancias definan la actitud que muestras?

Charles R. Swindoll, uno de mis autores favoritos, dijo:

> Mientras más vivo, más me doy cuenta del impacto de la actitud en la vida. Para mí, la actitud es más importante que los hechos. Es más importante que el pasado, que la educación, que el dinero, que las circunstancias, que los fracasos, que el éxito, que lo que piensan, dicen o hacen otras personas. Es más importante que la apariencia, las capacidades o la habilidad. La actitud prosperará o hará quebrar a una compañía, a una iglesia o a un hogar. Lo más importante es que cada día podemos escoger la actitud que vamos a tener ese día.
>
> No podemos cambiar nuestro pasado. Ni podemos cambiar el hecho de que las personas actúen de

cierta manera. Tampoco podemos cambiar lo inevitable. Lo único que podemos hacer es jugar con el único recurso que tenemos, y que es nuestra actitud. Estoy convencido de que la vida es en un 10% lo que me sucede y el 90% cómo reacciono ante lo que me sucede. Y así es lo que pasa con usted: Somos responsables de nuestras actitudes.[1]

Por favor, no te estanques en el pasado

Tu futuro no depende de tu pasado, sino de la actitud con la que enfrentes el presente. Es cierto que nada sale como se planea, pero hay gente que puede quedarse viviendo estancada en lo que «pudo haber sido». Me gustaría decir que son pocas, pero no, son muchas, demasiadas personas que he conocido que culpan a las cosas que han vivido en su pasado y ponen eso como razones por las que no pueden hacer más hoy. «Es que tengo un pasado muy difícil», «Es que nadie me ha dado una oportunidad», «Es que no tengo dinero». Las excusas las convertimos en razones, y lo único que estamos haciendo es limitando a Dios.

Tu futuro no depende de tu pasado, sino de la actitud con la que enfrentes el presente

En muchos casos «la diferencia entre el éxito y el fracaso es de solamente unos cuantos centímetros».[2] La diferencia la hará ese *pequeño* extra llamado actitud.

Dos maneras de asegurar tu actitud

Tu actitud no va a cambiar por sí sola. Hay dos cosas que decididamente tienes que hacer. Nadie las puede hacer por ti y hacer una «oración» para que suceda el cambio es sólo la primera parte. Dos maneras en las que puedes tener una actitud saludable y positiva es invirtiendo en tu mente y escogiendo bien a tus amigos. Veamos.

1) *Invierte en tu mente*

La mente es como un jardín. Todo lo que siembres lo vas a cosechar multiplicado. Las personas que siembran hortalizas no siembran una semilla de naranja para recibir *una* naranja sino muchas. Igual sucede en nuestra mente. Dios nos hizo creativos y esa creatividad nos hace reproducir lo que entra en nuestra mente. Ejemplo: Seguramente te ha sucedido que cuando es casi hora de dormir se te ocurre una buena idea y la empiezas a dar vuelta en la cabeza; y ahí estás, pensando, dando vueltas en la cama y esa idea se va haciendo más clara. Y luego esa idea produce *otra*, y cuando menos te das cuenta, ya pasaste tres horas de la madrugada pensando y creando. Igual sucede cuando viene una mala idea. Por ejemplo, si alguien te hizo algo que no debía haber hecho, quizá al principio no te molesta tanto, pero entonces lo traes a tu mente y empiezas a pensarlo, a crear. Al rato estás todo enojado, frustrado y con ganas de tener una «venganza santa» que hasta piensas cuales palabras sarcásticas podrás decir la próxima vez que te encuentres con esa persona. ¿Por qué? Porque nuestra mente es creativa. Dios nos hizo creativos.

Hay un proverbio antiguo muy poderoso que dice: «Siembra un pensamiento, cosecharás una acción. Siembra una acción, cosecharás un hábito. Siembra un hábito, cosecharás un carácter. Siembra un carácter y cosecharás un destino».

El proceso comienza en la mente y el diablo quiere tu mente. Él no va a llegar cuando vas saliendo de la iglesia gritando muy tenebrosamente: «¡Grroaaarrrr! Soy el diablo y quiero destruirte a ti y a tu familia. Quiero verte en el cesto de la basura y burlarme de ti. Quiero que tú y tus sueños se pudran».

Si el diablo hiciera eso, entonces diríamos: «¡Ay!, sí es cierto que el diablo existe. Mejor seguiré a Jesús de cerca». Por eso el diablo no usa ese sistema. Lo que él quiere es ir depositando su basura en tu mente. Poco a poco. Según le vayas permitiendo y, dependiendo de las veces que le abras la puerta en tu mente, él quiere ir metiendo cosas como: «No puedes. Te falta experiencia. Nunca vas a poder dejar de fallarle a Dios. Eres un fracaso. Tu familia es un desastre. Ya ni ores por ellos». Y según cuanto vayas cediendo, él ira depositando más y más basura. Cuando leí *Cómo vivir sobre el nivel de la mediocridad* por Charles R. Swindoll, aprendí esto:

> ...fortalézcanse con el gran poder del Señor. Pónganse toda la armadura de Dios para que puedan hacer frente a las artimañas del diablo (Efesios 6.10-11, NVI).

En las últimas cuatro palabras, «las artimañas del diablo», el término que Pablo realmente usó en el griego («asechanzas») «fue *METHODEIA*, de donde obtenemos la palabra método. Él tiene un método bien pensado, desarrollado y eficaz que ha sobrevivido al tiempo, un plan que funciona formidablemente».[3] El diablo usa una estrategia para llenar tu mente. Como te dije antes, no se te va a aparecer y hacerte un dictado, sino que lo hará con:

- Música
- Películas
- Distracciones
- Conversaciones

Él quiere usar sus métodos para evitar que cumplas la voluntad de Dios. Es una lucha en la mente no «contra carne o sangre» (lee Efesios 6.12).

Y al que vosotros perdonáis, yo también; porque también yo lo que he perdonado, si algo he perdonado, por vosotros lo he hecho en presencia de Cristo, para que Satanás no gane ventaja alguna sobre nosotros; pues no ignoramos sus *maquinaciones* (2 Corintios 2.10-11, énfasis agregado).

Acá el tema principal es el perdón y Pablo explica que, si no perdonamos completamente, Satanás puede sacarnos ventaja. Y «así como el vocablo griego traducido "asechanzas" es la raíz de la palabra "método", el término "maquinaciones" viene de una raíz que significa "mente". Una paráfrasis pudiera ser: "Nuestro deseo es que el enemigo no tenga en nosotros de dónde agarrarse para torcer nuestros pensamientos, porque no ignoramos su método orientado a la mente". Satanás juega con nuestra mente y si no tenemos la información necesaria, ¡ganará! Pablo no desconocía esa estrategia del diablo, pero la mayoría de la gente la desconoce».[4]

¿Cuánto inviertes en tu estómago? Sólo para poner un ejemplo, si comiéramos comida rápida tres veces por día, por todo un mes gastaríamos trescientos dólares americanos aproximadamente. Esa es una inversión en nuestro estómago, en nuestro cuerpo. Y no podemos dudar de que debemos comer. Necesitamos la energía. La fuerza para poder existir. Pero entonces, ¿cuánto inviertes en tu mente?

LO QUE COMAS HOY, AFECTARÁ TU CUERPO MAÑANA, Y LO QUE INVIERTAS EN TU MENTE HOY SE VERÁ EN TU VIDA MAÑANA

Hace unos años estuve en una noche de premiaciones a los libros cristianos más vendidos. Recuerdo cuando llegó el último premio de la noche. El anunciador dijo con mucha emoción y elocuencia algo así: «Y para culminar esta gran noche, procederemos a hacer entrega al libro más vendido de este año». No recuerdo si hubo un redoble de batería, pero creo que hubiera quedado bien. La gente se detuvo de respirar. Todos mirábamos con atención, y el anunciador dio el nombre del libro y el autor ganador y después dijo: «Logró vender 80.000 copias». La gente aplaudió. Hubo un par de mesas que festejaron más que los demás, seguro que era el equipo de trabajo o la casa publicadora del hermano autor. Sinceramente yo no aplaudí. Me sentí decepcionado. Por supuesto que no estaba decepcionado del ganador, sino del hecho de que somos m-i-l-l-o-n-e-s de cristianos que leemos español, y el libro más vendido solamente vendió 80.000.

Quiero animarte con todo mi corazón a convertirte en lector. Además de leer la Biblia, lee libros de personas que hayan tenido éxito. Invierte en tu mente. Lo que comas hoy afectará tu cuerpo mañana; lo que inviertas en tu mente hoy se mirará en tu vida mañana.

2) *Escoge bien a tus amigos*

Escoge deliberadamente a tus amigos. Haz una lista y tacha a las personas que no te convenga tener como amigos. Tú mejor que nadie lo sabes. Sabes cuáles personas te alejan de Dios, de cosas buenas o de cosas de provecho. Por supuesto que vas a tener compañeros, gente cercana que quizá mirarás de manera cotidiana y puedes orar por ellos, pero AMIGOS, personas que tengan influencia en ti, a esos los debes escoger muy bien.

No tengas amigos pesimistas porque así te vas a hacer. No te juntes con mentirosos, ni «rolleros» (los que sólo *hablan* de lo que van a hacer pero *nunca* hacen nada), ni flojos, ni narcisistas (que solo piensan en ellos mismos).

No te juntes con gente enojona ni te hagas amigo de gente violenta, porque puedes volverte como ellos y pondrás tu vida en peligro (Proverbios 22.24-25, BLA).

Aleja de ti al buscapleitos y se acabarán los problemas (Proverbios 22.10, BLA).

Estoy seguro de que te ha tocado estar con personas que te fatigan. Los escuchas hablar y dices: «¡Huy! A este cuate sólo le falta que se lo trague la tierra». El mejor día de esas personas es cuando sólo tienen dolor de cabeza, porque el resto es un desastre; siempre se están quejando. Pero, ¿qué tal de las personas con las que hablas y terminas sintiéndote inspirado? Esos son los amigos que debes buscar.

No es tan difícil escoger a tus amigos. Es tan sencillo como decir: «No». «No puedo porque estoy ocupado».

La presión sexual está más fuerte que nunca; las drogas ahora se consiguen como aspirina; se dice que lo «bueno» y lo «malo» hoy en día «depende más del contexto». Pero tú no eres parte del montón. No tienes que ser un desordenado sexual o ir con la corriente para ser parte del grupo. Tú eres más grande que eso. Tú estás apuntando arriba y no al «veremos qué pasa», por eso, si al tomar la decisión de cambiar de amigos eres excluido del grupo, ¡qué bueno! Será un paso que te dará muchas satisfacciones en la vida.

TIPS

- **Lee un proverbio cada mañana.** Hay uno para cada día del mes. Al invertir SABIDURÍA *cosecharás* SABIDURÍA.

- **Forma el hábito de la lectura.** Si quieres tener resultados diferentes, tienes que hacer cosas diferentes. Si nunca has leído un libro completo, oblígate a hacerlo. Te repito lo que te dije: Un hábito no se forma de la noche a la mañana, pero si comienzas ahora, cosecharás los buenos resultados pronto.

- **Lee un libro por mes.** Después del capítulo 10 te puse una lista de libros que te recomiendo. Cómprate un libro cada mes y nunca lo prestes, pues si lo prestas nunca te lo regresarán.

- **Escribe lo que vayas aprendiendo.** Cuando te sientes a leer, ten pluma y papel contigo para que subrayes y escribas ideas que te surjan.

- **Enseña lo que vayas aprendiendo.** Una excelente manera de aprender es enseñando. Sí, aunque suene un poco «al revés», entre más compartas lo que sabes, más irás reteniendo en tu cabeza.

- **Si tienes que dejar amigos que no te conviene tener, ¡TE FELICITO!** Si te quedas un rato sin amigos no importa, pues no eres parte del montón. Tú estás trabajando para tener una vida diferente y exitosa y lo lograrás. Dios te dará las fuerzas, mientras, haz las decisiones correctas.

CAPÍTULO 8

SOMÉTETE A UNA AUTORIDAD

Puede ser que «someter» suene como una palabra medio arcaica y rara. De hecho, el tema de este capítulo no es muy popular. No se habla mucho de esto porque lo que más queremos es *ser* la autoridad, *ser* líderes, dar órdenes, decirles *a otros* lo que hacen mal.

Creo mucho en esta generación. Creo que es la que logrará muchos de los cambios que necesitamos en nuestras comunidades, nuestras iglesias y nuestra sociedad. Sinceramente lo creo.

No se habla mucho de esto porque lo que más queremos es nosotros *ser* la autoridad, *ser* líderes, *dar* órdenes y decirles a *otros* lo que hacen mal

Pero no debemos creer que lo vamos a hacer solos. Necesitamos amigos. Necesitamos una «autoridad mayor» a la que respondamos a las preguntas personales difíciles. Y aunque Dios es LA autoridad mayor en el universo, en este momento no estoy hablando de Dios (que ya hablamos antes de adorarlo y conocerlo), sino de tener a una o dos personas de carne y hueso.

Alguien te tiene que conocer

Tienes que dejar que alguien te *conozca*. No hablo de que alguien te conozca tipo: «Hola, mucho gusto», sino que alguien vea lo que hay en tu corazón. Que vea el verdadero *tú*.

Suponiendo que te llames Rocío o Juan, alguien tiene que conocer a esa Rocío que no está en público; alguien tiene que conocer a ese Juan que está solo en su cuarto. Digo eso porque cuando estamos frente a las personas somos una cosa, pero cuando estamos solos muchas veces somos otras (yo mismo fui uno de esos... y si me descuido puedo volver a serlo).

DEJA QUE ALGUIEN CONOZCA EL VERDADERO *TÚ*

Hay cosas con las que luchamos que nadie sabe; hay veces que vivimos una doble vida que no lleva a nada y mientras sigamos tratando solos, va a ser muy lenta nuestra salida (o simplemente nunca lograremos salir). Se puede aprender a vivir con una máscara, pero un día todo se vendrá abajo si no estamos decididamente invirtiendo en ese cambio y respondiendo a las preguntas difíciles a alguien cercano.

¿De qué se trata?

La palabra «responsabilidad» está formada por otras dos: «Responder» y «habilidad», así que si tienes la «habilidad de responder», entonces eres «responsable». Un ejemplo: Si estás en un restaurante y alguien te pidiera que cuides su abrigo mientras va al baño y tú dices que sí, entonces eres el *responsable*. Cualquier cosa que le pase a ese abrigo será tu responsabilidad. Si ese

abrigo se perdiera, la persona que fue al baño primero te preguntará a ti, y debes tener la habilidad de responderle, de decirle qué pasó.

Igual con nuestra vida, debemos desarrollar la «habilidad de responder». De decir qué pasa adentro de nosotros. Debemos abrir nuestro corazón a alguien.

Uno de los significados cuando la Biblia dice que nos «ayudemos a llevar las cargas los unos a los otros» es eso, que nos abramos el corazón unos a otros para salir adelante.

Las ventajas de responderle a alguien

Esto de someterte y responderle a alguien no se trata de un «autocastigo» o vivir oprimido a merced de la opinión de otros. Mira algunas de las ventajas:

- *No luchas solo con tus tentaciones.* Cuando estás luchando tú solo, el enemigo se aprovecha de tus batallas, complejos, tentaciones y caídas para culparte una y otra vez y decirte que no puedes vencer. Pero al tener a alguien con quien hablarlo, entonces esa persona te puede decir cómo hizo él o ella para salir de esa misma situación; puede recomendarte algún libro, estarte preguntando de tus avances y sobre todo orar juntos.

...confiense unos a otros sus pecados, y oren unos por otros, para que sean sanados... (Santiago 5.16)

⊙ *Puedes evitar crear hábitos de pecado o caer en algu-na trampa.* Acuérdate que el diablo usa «métodos» para hacer caer a las personas. Probablemente la persona a la que vas a abrirle tu corazón ya haya pasado por las mismas tentaciones, luchas o prue-bas, y te pueda dar unos consejos prácticos para eso que estás pasando. ¿Recuerdas que un hábito no se forma de la noche a la mañana? (Siembras un pensamiento, cosecharás una acción. Siembras una acción, cosecharás un hábito. Siembras un hábi-to, cosecharás un carácter. Siembras un carácter, cosecharás un destino.) El hecho de tener a una o dos personas que conozcan todo de ti, te ayuda-rá a vivir constantemente libre. Recuerda que un hábito se forma una vez que lo hayas procesado en tu mente y hayas accionado con ese pensamien-to, pero si esa persona sabe lo que está pasando en tu mente puede ayudarte a evitar muchos problemas.

Algo que a mí me ayudó a salir del círculo de «fallarle a Dios siempre con el mismo pecado, pedirle perdón, fallarle, pedirle perdón, fallarle, etc., etc.», fue abrir mi corazón a dos personas y encontrar en que área estaba siendo descuidado.

⊙ *Puedes conseguir consejos específicos.* Los puntos uno y dos son más «defensivos» si lo quieres, pero este no. El crecimiento que tenemos en la vida no debe ser solamente físico, sino también intelectual y conocer más de nuestras emociones y nuestro corazón. Al tener a alguien cerca le puedes preguntar no sólo de tentaciones, sino de finanzas, relaciones y cómo llevar una vida espiritual práctica y genuina.

Las ventajas de tener a alguien a quien darle cuentas no son sólo en el área de las tentaciones o los problemas, sino que también te puede ayudar a tratar con el orgullo, mala planeación, el uso de los talentos e ideas para armar tu visión. Hay muchas áreas en que puedes aprender.

Mi lección «cállate y aprende»

Me encanta el béisbol aunque no lo practico (ese es uno de los muchos talentos que *no* tengo). A veces me siento con mis amigos y hablamos de todos los asuntos de béisbol como si fuéramos profesionales. Podemos hablar de los cambios que deben hacer ciertos equipos. Criticamos a los dirigentes opinando lo que deben hacer o lo que cierto lanzador debería mejorar; nos metemos en nuestro papel que hasta acostumbramos interrumpirnos para comentar algo. Aunque a veces sonamos convincentes, reconozco que tenemos el *conocimiento del espectador*. No somos beisbolistas profesionales (ni lo fuimos, ni lo seremos). Somos *hablantines* profesionales. Eso sí. Sí tenemos idea de lo que decimos y hemos aprendido el lenguaje, pero no somos expertos.

Hace unos años conocí a un ex jugador profesional de grandes ligas que se había retirado de practicar profesionalmente, pero durante los últimos cinco años seguía como comentarista oficial de las transmisiones de los Astros de Houston. Un día, por medio de una persona, fuimos invitados un amigo y yo a estar en la cabina de transmisión durante un partido de la temporada regular, pero antes del partido, cenamos en donde lo hace parte del personal del estadio. Estando en la mesa comiendo con los comentaristas de radio (incluyendo al ex jugador), empezaron a hablar de cierto lanzador. Mientras hablaban, me tragué lo que estaba masticando y no tomé otro bocado para tener la boca lista para sacar mi comentario. Así que, el «hablantín profesional», o sea, yo, interrumpí y me metí, comenzando la frase con: «No, mira, yo creo que...» Cuando iba a la mitad de mi discurso vi los ojos de los dos profesionales mirándome con un tono tipo: «¿Es que lo tuyo no es la música?» A pesar de lo poco cortés que fui al interrumpir, esos señores fueron muy amables y me explicaron mejor el punto de vista que no había dejado que terminaran. ¡Oh, que vergüenza la mía!

La lección para mí en ese momento fue: Cuando te sientes con un profesional, pregunta. No saques tus «inteligentes» comentarios. Mejor cállate y aprende.

Desde entonces he tomado la costumbre de hacer preguntas cuando me siento con alguna persona y no hablar de mí a menos que me lo pidan. Aprender de otros es muy importante para mí.

Ahora intento aprender cuando estoy con personas que saben más que yo en algo (cosa que sucede todos los días porque «todos somos ignorantes de algo»). Claro que pregunto y comento, pero trato de no hacerlo como un sabelotodo, sino para agregar a mi aprendizaje diario.

Aprovecha que Dios te ha rodeado de personas de las que puedes aprender mucho. A veces con solamente ver y escuchar te llenarás de más conocimiento.

¿A quién le puedo responder?

En ningún momento estoy diciendo que te vayas con una de esas personas que se creen «el enviado de Dios» y quieren que todo el mundo les rinda cuenta a ellos. Usan eso para menospreciarte o comenzar chismes, o nada más *ellos* sentirse más espirituales, pues «no están tan mal como tú». Ten MUCHO cuidado con esos o esas.

Busca a alguien que crea en ti y que sepas que te ama o te estime por lo que eres, no por lo que sepas o no hacer.

Ten cuidado al escoger a tus consejeros. Creo que a todos nos pasó cuando niños (y también ya de «grandes») que le platicábamos algo a algún «amiguito» o «amiguita», algún secreto o detalle, sólo porque «habíamos sido amigos el fin de semana». Pero la siguiente semana todo el mundo sabía lo que habíamos platicado como secreto. Nos habíamos *emocionado* y lo confiamos a esa persona,

pero no era una amistad verdadera. Sólo nos llevamos bien ese fin de semana, pero no éramos amigos.

IMPORTANTE: No hagas como el que se quiso pasar de listo y dijo que le «iba a abrir su corazón a su novia». Entonces, fue con ella y le dijo: «Mi reina, quiero confesarte unas cosas "preciosa". Ven. Vámonos a lo oscurito para serte más sincero y platicarte los sufrimientos de mi corazón... yo sé que *sólo tú* me puedes comprender». Mira, cuando abres tu corazón y cuentas secretos, se hace una conexión muy única y fuerte. No vayas con tu novio si eres una chica, ni vayas con tu novia si eres un chico. No es lo más saludable. Veamos unos tips (o advertencias, como les decían antes) para buscar un buen consejero a quien rendirle cuentas:

- *Que sea de tu mismo sexo.* Si eres mujer, ve con una mujer. Si eres un hombre, busca a un hombre. ¿Razón? El consejo será más puntual y evitarás hacer una conexión muy íntima con alguien que no debes.

- *Que tenga más tiempo que tú teniendo una vida espiritual y familiar saludable.* Quizá sea de menor edad que la tuya pero ha sido más *responsable*.

- *Que sea transparente.* Tú sabes quiénes son «falsos» y quiénes personas genuinas. No vayas con alguien que en público es una cosa y a solas es otra. No vayas con alguien que te cuenta secretos de otros (seguro que hará lo mismo con los tuyos).

- *Que sea una persona de la Palabra.* Con eso quiero decir que busques a una persona que se guía con lo que Dios dice, no con lo que la tele, la moda o «algún buen libro» dice. ¿Cómo sabrás distinguirlo? Escucha cómo habla, y *sobre todo* pon atención a cómo *es.*

Quizá preguntes: «Oye, Emmanuel, y ¿no es muy arriesgado eso de abrir tu corazón a alguien y contarle *todo*?» Sí. ¡Por eso sólo búscate a dos o a tres!

No importa la edad que tengas ni la posición en la que estés. Este es un beneficio para cualquier persona y los frutos que dará en tu vida serán para celebrarse.

Para terminar

Para concluir el capítulo te dejo, en mejores palabras (de la Escritura), las ventajas de tener un amigo y consejero, y las ventajas de accionar al respecto.

La gente orgullosa provoca peleas; la gente humilde escucha consejos.

Las enseñanzas del sabio son una fuente de vida y pueden salvarte de la muerte.

Si no aprecias la disciplina, te esperan la pobreza y la deshonra; si aceptas que se te corrija, recibirás grandes honores.

Quien con sabios anda, a pensar aprende; quien con tontos se junta, acaba en la ruina (Proverbios 13.10, 14, 18, 20, BLA).

El oído que escucha las amonestaciones de la vida, entre los sabios morará. El que tiene en poco la disciplina menosprecia su alma; mas el que escucha la corrección tiene entendimiento. El temor de Jehová es enseñanza de sabiduría; y a la honra precede la humildad (Proverbios 15.31-33, RV60).

El sabio quiere más sabiduría; el tonto no sabe lo que quiere (Proverbios 17.24, BLA).

Quien quiera pelear, primero debe pensar; quien quiera ganar debe saber escuchar (Proverbios 24.6).

TIPS

- **Busca a alguien y comienza a rendir cuentas ya.** No hagas lo que hice por muchos años: Luchaba solo creyendo que era muy complicado lo que vivía (¡y no lo era!).

- **Para encontrarlo (a la persona a quien rendir cuentas y ser *responsable*) comienza una relación.** Quizá entre los amigos que ya tienes o frecuentas no habrá alguien con las características que se necesitan, por eso invierte en una nueva relación. De verdad que será ir a otro nivel y vas a ver tu crecimiento.

- **Pregúntale a Dios.** Pídele que te ayude a escoger a alguien. Si has estado buscando a Dios en lo práctico, como vimos en los primeros capítulos, verás que en esto también Dios quiere ser real y ayudarte.

- **Acciona.** No lo dejes como una buena idea que usarás después ni esperes a «estar mejor» para entonces buscar el consejo. El enemigo va a querer desanimarte (mandando ideas a tu mente) para que no lo hagas, haciéndote creer que no es tan importante, pero él sabe la victoria que tendrás al hacerlo, así que anímate y hazlo.

Tercera Parte

ACCIÓN

SUEÑA Y ACTÚA

Todos tenemos sueños. Unos son grandes y otros sencillos, pero todos queremos algo mejor de lo que tenemos o somos ahora. Dios ha puesto dentro de ti sueños que te han inquietado por un tiempo, pero todavía hay más que te quiere dar. ¿Estás listo?

Aborta la pereza intelectual

Creo mucho en los latinoamericanos. Esta es la Latinoamérica más joven en la historia y viene un futuro brillante para nuestros países, ¡Lo creo! Pero algo muy importante que debemos hacer es aprender a pensar. ¡Por favor, piensa! Estamos acostumbrados a que nos digan qué creer, qué desear, qué soñar y cómo actuar. Si preguntas en la iglesia, entonces eres «rebelde». Si quieres estudiar una carrera que nadie en la familia ha estudiado, te dicen: «Haz un plan por si fracasas». Si deseas una mejor vida financiera, te dicen: «¡tas loco!» Y si quieres tener una vida espiritual saludable, te dicen: «¡Qué religioso!»

Por favor, aprende a pensar

El comentario que haga la gente es lo de menos. Lo que me preocupa es que al escuchar eso las personas, *sin querer* y porque se va grabando en el subconsciente (por escucharlo en repetidas ocasiones), tomen decisiones basándose en lo que dicen en la iglesia, en la tele, en la escuela o en la mesa de la casa. No estoy diciendo que es malo lo que nos dicen en esos lugares. Lo que sí estoy diciendo es que muchas veces tomamos esas palabras porque estamos acostumbrados a sólo recibirlas sin pensar. Yo, por mucho tiempo, fui como un pajarito recién nacido que al estar en el nido y sentir a su «mamá pájara» cerca, abre la boca para que le ponga lo que tiene que comer. Lo malo de ese pajarito (yo) es que llegó el tiempo cuando debía estar volando, pero seguía diciendo: «¿En dónde está mi gusanito de hoy?» La crea-tividad nadie te la puede quitar, a menos que tú lo per-mitas. Piensa. Pregunta. Cuestiona.

Escribe metas

Si no sabes a dónde vas, cualquier cosa va a parecer-te buena. Por eso es importante que escribas cuáles son tus metas; qué es lo que quieres lograr. En una hoja que puedas guardar y volver a sacar para referencia, escribe lo que quieres hacer, tener y ser de aquí a cinco años.

- *Hacer*. Puedes poner algo como terminar la escue-la sin reprobar materias, viajar por todo tu país o el mundo, conocer a alguna persona que te haya influenciado, casarte, trabajar en cierta empresa, nadar por una hora en el mar de la Patagonia, etc.

- *Tener*. Buena salud, un auto del año, tu propia casa, tu propia empresa, una casa en la playa, etc.

- *Ser*. Un adorador de Dios y discípulo verdadero, buen esposo, profesional en lo que hagas, ayuda-dor de otros, dador de tiempo y recursos, ser el mejor diseñador gráfico, etc.

Si te das cuenta, nada de eso se va a lograr si no accionas. Por eso debes poner esas cosas que quieres en cinco años en metas a corto plazo y ser realista tomando acciones sobre esas metas. Unos ejemplos:

- Si en cinco años quieres tener tu carrera terminada, enfócate en eso y no te tomes un «año de descanso».

- Si en cinco años no piensas estar casado, entonces no busques novia en este momento.

- Si quieres tener buena salud, come bien, haz ejercicio, no te juntes con gente que use droga o que no les importa su salud.

Nadie puede accionar por ti. Aunque tu mamá te quiera mucho y tu pastor quiera que te vaya muy bien, esto es algo que sólo tú puedes armar. (Te recomiendo que busques dirección de Dios y consejo.)

Haz algo por tu sueño hoy

Tu éxito de mañana dependerá de las decisiones que tomes hoy. Lo que tienes, eres o haces hoy es por las decisiones que tomaste ayer. Tener metas escritas no significa nada si no accionas respecto a ellas cada día.

La lección que aprendí del salmo 37.4

Hace muchos años me aprendí de memoria el muy conocido versículo del salmo 37.4 que dice: «Deléitate en el Señor, y él te concederá los deseos de tu corazón» (NVI), y yo sinceramente pensé que el significado de eso era: «Pídele en oración a Dios lo que quieras y te lo va a conceder». Pero no es así. Hay un orden: *Primero*, deléitate. *Segundo*, Él concederá los deseos de tu corazón.

1) *Deléitate en el Señor.* Algunos sinónimos de la palabra «deleite» son: placer, gusto, gozo, satisfacción, disfrutar. Seguro que tú —como yo—, tienes personas con las que te gusta estar, porque la pasas bien. No son una carga o molestia, sino que es muy divertido estar con ellos, ¿no es cierto? Podemos platicar, ver películas, jugar o sólo *estar* con ellos, y se siente que no perdimos el tiempo. Dios quiere tener esa relación al

punto que se convierta en un deleite, en un gusto, un placer de estar con Él.

2) *Concederá los deseos de tu corazón.* Dios quiere decirte todos sus planes para ti. Dios va a hacer que esos sueños se cumplan porque cuando estés con Él, adorándole, buscándole, deleitándote en Él, entonces te dará *sus sueños* y, como son de Él, se van a cumplir.

El problema es que casi siempre estamos ocupados, corriendo con trabajo, escuela, relaciones que desgastan, proyectos y sólo nos acercamos a Dios cuando no sabemos cómo salir de algún problema en que nosotros solitos (por nuestras propias decisiones) nos metimos.

¿Confiar en Dios o confiar en mí?

Todos tenemos el potencial de alcanzar nuestros sueños. Lo que nos falta es el valor. El valor de ponernos en Sus manos. El valor de vernos como Él nos ve.

TODOS TENEMOS EL POTENCIAL DE ALCANZAR NUESTROS SUEÑOS. LO QUE NOS FALTA ES VALOR.

Como ya te dije, si buscas a Dios (prácticamente, no «religiosamente»), Él te va a mostrar Sus sueños para ti. ¿Se puede confiar en Dios? Por supuesto que se puede confiar en Él. ¿Es fácil? Sinceramente no. No es fácil soltarle *todo* a Dios ¿Vale la pena? ¡Vale la *vida*! Cuando mis papás murieron y yo tenía trece años, hubo épocas en que viví solo en casa (mis hermanos se casaron o vivían fuera de la ciudad), así que no tenía «policías» que me vigilaran y podía hacer lo que quisiera. Pero hubo algo que pasó adentro de mí. Recordaba que el Dios que conocí con mis papás era REAL (mis papás eran cristianos en la iglesia y en la casa. No eran como algunos que son unos «ángeles» en la iglesia y unos «demonios» en la casa), y decidí decirle a Dios que le daba mi futuro. Así nomás. Le dije: «Sé que eres real. Sé que tienes los mejores planes para mí, así que toma mi vida». Comencé a decidir que aunque a veces no entendía lo que Dios estaba haciendo (bueno, hasta hoy en día, hay veces que no entiendo lo que está haciendo), sigo confiando en Él. No estoy diciendo que viví una vida perfecta, o que escuchaba voces de coros angelicales cada vez que me despertaba, pero sí sabía que el Dios de amor estaba trabajando en mí y tenía más paciencia que cualquier persona en el mundo. Puedes confiar en Él. Él sabe todo de ti (¿Recuerdas el salmo 139?) y quiere darte sus sueños. Son mucho más de lo que te imaginas.

Elige diariamente y da el paso

Todos los días debes tomar la decisión de hacer algo. Aun *no decidir* es una decisión. Nunca va a importar cuánto ores, leas, sueñes, planees o hables, si no accionas, nada va a suceder. Santiago dijo: «La fe sin obras es fe muerta».[1] Mientras no te muevas, el enemigo no tendrá nada de qué preocuparse, pues el mundo está lleno de buenas intenciones; gente que hace listas de prioridades y no mueven ni un dedo.

Hay un libro que es muy fácil de leer y me inspira mucho. Te recomiendo que lo compres y lo tengas cerca para leerlo por lo menos cada tres meses. Se llama *¡Usted nació original, no muera como una copia!*, escrito por John L. Mason. Allí Mason dice, respecto al accionar y a dar el paso: «Comprenda que no aprende nada mientras habla.

Las palabras sin acciones son las asesinas de los sueños. La obra buena más pequeña es mejor que la más grande intención. Se hace historia cuando se actúa en forma acertada. La acción es el fruto del conocimiento. Adquirir una idea debería ser como sentarse en una tachuela: le obligaría a saltar y hacer algo».[1]

Tips

- **Sueña todos los días.** Está en tus manos buscar a Dios y buscar sus sueños. No dejes que otros sueñen por ti porque soñarán muy chiquito.

- **Disciplínate.** «La gente que no posee fortaleza interior a menudo pasa a ser víctima de quienes poseen autodisciplina», dijo Robert Kiyosaki.

- **Si logras tus metas ponte otras nuevas.** Nunca dejes de crecer. Nunca dejes de aprender. Tus sueños se irán expandiendo.

- **Siembra en el sueño de otra persona.** Si das recibirás más. Si eres fiel en lo de otros Dios te dará más a ti. No temas ayudar a los demás, será mucho lo que ganes al ayudar a otros a lograr sus sueños.

- **Cada mañana toma la ofensiva.** Lánzate. Acciona. No te «cruces de brazos».

CAPÍTULO 10

PIDE DIRECCIÓN A DIOS

Cuando comiences a entender el amor de Dios (capítulo 1), convertirte en adorador (capítulo 2), ser lo que ya eres (capítulo 3); cuando comiences en donde estás y con lo que tengas (capítulo 4); cuando te dejes de comparar (capítulo 5) y cuando comiences a aplicar en tu vida el resto de los temas que ya vimos en los capítulos anteriores, estoy seguro de que Dios te hablará y vas a ver cosas que comenzarán a cambiar en ti. Pero por sobre todas ellas, la mejor manera de encontrar dirección en nuestra vida es en Su Palabra y en oración.

«Sí, Emmanuel. Ya he escuchado eso», podrías decirme. Y lo sé. Sé que hemos escuchado eso por años, pero creo que le hemos restado valor a lo que es más vital: Escuchar a Dios de manera práctica todos los días.

Necesitamos volver a ese punto en el que no queramos hacer nada si no tenemos la luz verde de Dios. (Sí se puede vivir así.)

El Internet, los audiolibros, las agendas organizadas, los conciertos y los eventos que nos ayudan a tener una «experiencia» con Dios nos han dado una dieta que nos está dejando raquíticos. No podemos estar viviendo de «eventos». Dios no quiere que tengas *una* «experiencia» con Él, sino una *vida* con Él. Dios quiere hablarte todos los días.

Vive en la Palabra

Yo nunca he escuchado a Dios con mis oídos. Jamás. No he escuchado una voz grave que me diga: «Hijo mío», y luego otras palabras audibles. No he escuchado a Dios de esa manera, pero, ¿sabes cómo lo escucho muy, muy seguido? En Su Palabra. En la Biblia.

Yo soy esposo, papá de tres hijos preciosos; soy amigo, hermano, tío, cuñado, vecino; soy músico, escribo canciones y tengo una empresa, y en cuanto a *todas* esas áreas Dios me habla en Su Palabra.

La Biblia no es solamente un libro de historia, sino que *es* la Palabra de Dios. La Biblia no contiene palabras de Dios, sino que *es* la Palabra de Dios. La Biblia es tan práctica que para cada situación te puede dar una dirección específica (eso se llama «Rhema»). Imagina a Dios sentado en la sala de tu casa hablando contigo. Así de práctica es que puede ser tu relación con Dios.

> Ciertamente, la palabra de Dios es viva y poderosa, y más cortante que cualquier espada de dos filos (Hebreos 4.12, NVI).

No soy teólogo y como te dije en la introducción del libro, ni pretendo tener todas las respuestas. Aunque te he dado algunos consejos que me han servido en lo personal, en ningún momento pretendo decirte cómo vivir tu vida. No me atrevería. Pero hay algo que sí te puedo decir y es que la Biblia nos puede hablar hasta el día de hoy. Dios quiere hablarte hoy. Este día.

> Toda la Escritura es inspirada por Dios y útil para enseñar, para reprender, para corregir y para instruir en la justicia, a fin de que el siervo de Dios esté enteramente capacitado para toda buena obra (2 Timoteo 3.16-17, NVI).

Guarda Su Palabra

El vocablo «íntegro» puede significar cosas como «alguien que no hace trampas», «alguien que es sincero», «alguien que siempre dice la verdad», y todas son buenas. Pero me gusta más lo que dice el diccionario Larousse: Íntegro = Completo.

El «pan integral» es «integral» porque no tiene el proceso del pan blanco, sino que es «completo»; tiene el grano y los componentes que más benefician a nuestro cuerpo. En el salmo 119 David pregunta:

¿Cómo puede el joven llevar una vida íntegra? (v. 9, NVI)

David está preguntando cuál es la manera de vivir una vida *completa* (es decir: íntegra) e inmediatamente da la respuesta...

Viviendo conforme a tu palabra (v. 9b).

No hay otra manera de vivir exitosa y completamente, más que viviendo en Su Palabra. Dios quiere hablarte. «No debemos leer la Biblia para justificar nuestras opiniones, sino para descubrir lo que Él quiere comunicarnos. Dios nos regaló este maravilloso libro para poder conocerle y entender sus planes».[1]

Guardar Su Palabra no significa «esconderla en un cajón», como cuando guardas tus calcetines en la cómoda de tu cuarto, sino ponerlo como prioridad. En el mismo salmo 119, David dio unos ejemplos claros de cómo la Palabra de Dios se hace viva en la vida de una persona. (A veces dice «mandamientos», «dichos», «preceptos», «estatutos», «sendas», «ley» o «juicios», pero todo se refiere a la Palabra de Dios.) Te sugiero que subrayes estos versículos en tu Biblia:

No tendré que pasar vergüenzas **cuando considere todos tus mandamientos** (v. 6, énfasis agregado).

En mi corazón atesoro tus dichos *para no pecar* **contra ti** (v. 11, énfasis agregado).

Corro por el camino de tus mandamientos, porque *has ampliado mi modo de pensar* (v. 32, énfasis agregado).

Y también vemos que, al guardar su Palabra podemos:

- ⊙ Ser bendecidos (v. 2)
- ⊙ Tener felicidad (v. 14)

- Recibir consejo (v. 24)

- Ser alejados de caminos torcidos (v. 29)

- Tener las intenciones correctas (vv. 36-37)

- Vivir en libertad (v. 45)

- Tener esperanza (v. 49)

- Encontrar consuelo (v. 52)

Dios quiere darte el mapa de tu vida diciéndote por donde ir:

Lámpara es a mis pies tu palabra, y lumbrera a mi camino (v. 105, RV60).

Aquí «la Palabra de Dios se compara a una lámpara que... dirige cada uno de nuestros pasos ("a mis pies"), y brinda sabiduría a nuestros planes futuros ("a mi camino")... Permite que la Palabra de Dios te guíe, corrija, instruya, dirija, enseñe y confirme. Jamás te apresures a actuar sin ella».[2]

Ora

Me impresiona que gran parte de los cristianos de hoy no sepamos orar. Me encuentro a chicos que saben todas las canciones de RoJO y todos los raps del momento, pero para orar a Dios siempre comienzan con: «Gracias, Señor por este día». Dicen: «Señor» cada tres frases, y después de un minuto, el disco duro no encuentra más información, así que se aproxima el final, diciendo: «Bendice las manos, Señor, de los que la prepararon, Señor», ¡aunque no haya comida enfrente de ellos!

Los mismos discípulos le pidieron a Jesús que les enseñara a orar. No tengas pena de aprender. Aprende, por favor. Se trata de comenzar una conversación, y el estilo es lo de menos. Puedes usar este sencillo patrón.

- *Comienza con adoración* (reconocer lo que Él es). Cuando quitas tu enfoque de ti y lo pones en Él, todo toma la perspectiva correcta.

- *Da gracias* (por lo que Él ha hecho). Al prender tu «switch» de agradecimiento te haces más sensible a escucharlo.

- *Confiesa* (tentaciones, pecados y debilidades). Al poner todo en el altar y recordar quién eres en Él, no darás lugar a la condenación.

⊙ *Intercede por tus necesidades y por tus amigos.* Háblale a Dios todo lo que está en tu corazón.[3]

Vengan a mí todos ustedes que están cansados y agobiados, y yo les daré descanso (Mateo 11.28, NVI).

Clama a mí, y yo te responderé, y te enseñaré cosas grandes y ocultas que tú no conoces (Jeremías 33.3, RV60).

Para mí, a veces orar no es complicado, pero otras veces sí que lo es. Se siente como que la oración «no llega ni al techo»[4] y me siento distraído por diferentes cosas. De hecho, eso me pasó hace unos días.

Y cuando me pasa, entonces comienzo a orar la Palabra. Hace unos días me tocaba leer el Proverbio 17, y lo que hice fue comenzar a orar con ese proverbio. Leí el primer versículo:

Más vale pan duro entre amigos que mucha carne entre enemigos (BLA).

Y le dije a Dios: «Señor, ayúdame a ser amigo. Quiero ser una persona transparente. Quiero que la gente te vea a ti en mí, pero no quiero "actuar", sino reflejar lo que Tú eres». Entonces oré brevemente por algunos de mis amigos cercanos. Y después leí el segundo versículo:

El sirviente que se esfuerza se convierte en jefe del mal hijo, y se queda con la herencia que a este le tocaba.

Y seguí diciéndole a Dios: «Quiero ser un siervo fiel a ti, Señor, pero sobre todo quiero ser un hijo fiel. Quiero vivir como hijo, y servirte por el amor que te tengo, no porque *tengo que*, sino porque *quiero*». El versículo tres dice:

El oro y la plata se prueban con fuego; nuestras intenciones las pone a prueba Dios.

«Dios, purifica mis intenciones», seguí orando. «No quiero hacer cosas por las razones equivocadas, sino por obediencia a ti. Tú eres el centro de lo que hacemos. Quita mi egoísmo y mi altivez. Te necesito», y cuando menos pensé ¡ya estaba orando!

Se aprende a andar en bicicleta andando en bicicleta; se aprende a componer canciones componiendo canciones y se aprende a orar orando.

Acuérdate que Dios no es un ancianito gruñón de barba blanca que está esperando que cometas el primer error para castigarte. Él te está esperando con los brazos abiertos, a que te acerques y le busques.

Dios quiere hablarte todos los días

Recuerda que no tienes que esperar un evento o a alguna persona para escuchar la voz de Dios. Él quiere hablarte todos los días. Comienza a practicar esto y verás el cambio que tendrá tu vida.

TIPS

- **Alimenta tu espíritu.** Así como hablamos de alimentar nuestro cuerpo y nuestra mente en el capítulo 7, también debes alimentar a tu espíritu.

- **Memoriza partes de la Escritura.** Busca algunas de tus secciones favoritas y comienza a memorizarlas. Te serán útiles no sólo en tus devocionales sino en tu vida diaria también.

- **Ora y lee.** Si sólo oras pero no estás leyendo la Palabra, no encontrarás mucho resultado. Si practicas las dos cosas verás unos resultados increíbles, porque si oras Dios te traerá cosas a tu mente de lo que leíste y viceversa.

- **Busca un compañero de oración.** Pueden comenzar esta aventura juntos y aprender de Dios de manera dinámica.

NOTAS

CAPÍTULO 1

1. Proverbios 23.7 (RV60).

2. «Bajo tu control» grabada en el álbum de RoJO *Edición Especial*. Letra tomada del salmo 139 en la Biblia en Lenguaje Actual ©2002 Sociedades Bíblicas Unidas. Música por Emmanuel Espinosa. ©2005 ReyVol Musik. Derechos reservados. Usada con permiso.

3. En México le decimos «popote». En Puerto Rico es «sorbeto». En Argentina es «pagita». En Centroamérica es «pajilla», etc.

CAPÍTULO 2

1. DI NO A LA PIRATERÍA. Necesitamos más música de calidad, y si la quemas o la descargas ilegalmente es lo mismo que robar. ¡Cómprala, no la copies!

2. Lo escribí antes en *Generación de adoradores* (Grand Rapids: Vida, 2006, p. 58), libro en que participé junto a Lucas Leys y Danilo Montero y en parte cité a Harold Best en el libro *Getting Started in Christian Music* (Eugene, OR: Harvest House, 2000).

3. Algo que escuché decir a Marcos Witt muchas veces y tiene mucha razón.

4. «Soy tuyo hoy», escrita por Linda Espinosa, Nestor Cano y Emmanuel Espinosa. ©2002 ReyVol Musik. Derechos reservados. Usada con permiso.

5. Ibid.

6. Las cosas que tengas que cambiar, Él te las irá diciendo, ¡pero puedes acercarte ya!

Capítulo 3

1. Lee Filipenses 1.6.

2. «Desde el amanecer» del álbum *24-7* por RoJO. Escrita por Jesús Adrián Romero, Juan Salinas y Emmanuel Espinosa. ©2002 ReyVol Musik. Derechos reservados. Usada con permiso.

3. Ibid.

Capítulo 4

1. Un ejido es algo aun más chico que un «pueblito». Sonora es un estado (o departamento) en el norte de México.

2. Una vez más, esto es una cita adaptada de mi querido Marcos Witt. Es algo que lo escuchaba decir muchas veces en mis viajes a Latinoamérica con él.

Capítulo 5

1. Marcos Witt, *Adoremos* (Nashville: Grupo Nelson, 1994), p. 55. Y en parte está citando el *Nuevo Diccionario Bíblico*.

Capítulo 6

1. Este no es un consejo. No estoy recomendando que dejes tus estudios sin un plan, pues cada caso es único y diferente. Por ejemplo, en el caso de Luis, él no estaba casado y vivía en casa de sus papás.

CAPÍTULO 7

1. John Maxwell, *Desarrolle el líder que está en usted* (Nashville: Grupo Nelson, 1996), p. 122, citando a Charles R. Swindoll, *Desafío a servir* (Nashville: Grupo Nelson, 1992).

2. Zig Ziglar, *Nos veremos en la cumbre* (México, D.F.: Diana, 2005), p. 200.

3. Charles R. Swindoll, *Cómo vivir sobre el nivel de la mediocridad* (Grand Rapids: Vida, 1990), p. 17.

4. Ibid., p 18.

CAPÍTULO 8

1. John Mason, *¡Usted nació original, no muera como una copia!* (Nasvhille: Grupo Nelson, 1995), p. 85

CAPÍTULO 9

1. Lee Santiago 2.14-18.

CAPÍTULO 10

1. Comentario de «La Palabra» en la *Biblia de Estudio Misionera* (Grand Rapids: Vida, 2001), p. 648.

2. Comentario de Jack W. Hayford en la *Biblia Plenitud* (Nashville: Grupo Nelson, 1994), p. 740.

3. En parte estoy citando a Lucas Leys en el libro *Generación de Adoradores* y cuando lo he escuchado hablar.

4. No es que necesariamente la oración «suba», pero tú sabes lo que quiero decir.

Acerca del autor

Emmanuel Espinosa, un joven bajista de Marcos Witt hace casi veinte años, ha avanzado mucho en la industria de la música. Ahora es el bajista y vocalista principal de RoJO, una de las bandas más famosas que está impactando la juventud hispana en Estados Unidos y alrededor del mundo. Con una audiencia mayor al cuarto de millón de personas el año pasado, Emmanuel tiene la pasión y el deseo de ver vidas cambiadas en los jóvenes. La banda RoJO es invitada con frecuencia a grandes conferencias y a participar junto con líderes clave y ministerios de la talla de Luis Palau para unir la brecha con la juventud. Emmanuel Espinosa vive en Tucson, Arizona con su esposa Linda quien también es parte de la banda. Viajan con sus hijos durante las giras.